U0507196

绚丽甘肃
MAGNIFICENT GANSU

华夏文明之源

丝 | 绸 | 之 | 路

SILU SHANGLV

丝路商旅

姚海涛 / 著

甘肃人民出版社

图书在版编目（ＣＩＰ）数据

丝路商旅 / 姚海涛著. -- 兰州 ：甘肃人民出版社，
2015.10
（华夏文明之源·历史文化丛书）
ISBN 978-7-226-04863-4

Ⅰ. ①丝… Ⅱ. ①姚… Ⅲ. ①丝绸之路－对外贸易－
经济史－研究 Ⅳ. ①F752.9

中国版本图书馆CIP数据核字(2015)第251860号

出 版 人：吉西平
责任编辑：王建华
美术编辑：马吉庆

丝路商旅

姚海涛 著

甘肃人民出版社出版发行
（730030 兰州市读者大道 568 号）
甘肃新华印刷厂印刷

开本787毫米×1092毫米 1/16 印张13.5 插页2 字数190千
2015年10月第1版 2015年10月第1次印刷
印数：1~3 000
ISBN 978-7-226-04863-4 定价：38.00元

華夏文明之源

《华夏文明之源·历史文化丛书》
编　委　会

总　序

华夏文明是世界上最古老的文明之一。甘肃作为华夏文明和中华民族的重要发祥地，不仅是中华民族重要的文化资源宝库，而且参与谱写了华夏文明辉煌灿烂的篇章，为华夏文明的形成和发展做出了重要贡献。甘肃长廊作为古代西北丝绸之路的枢纽地，历史上一直是农耕文明与草原文明交汇的锋面和前沿地带，是民族大迁徙、大融合的历史舞台，不仅如此，这里还是世界古代四大文明的交汇、融合之地。正如季羡林先生所言："世界上历史悠久、地域广阔、自成体系、影响深远的文化体系只有四个：中国、印度、希腊、伊斯兰，再没有第五个；而这四个文化体系汇流的地方只有一个，就是中国的敦煌和新疆地区，再没有第二个。"因此，甘肃不仅是中外文化交流的重要通道、华夏的"民族走廊"（费孝通）和中华民族重要的文化资源宝库，而且是我国重要的生态安全屏障、国防安全的重要战略通道。

自古就有"羲里"、"娲乡"之称的甘肃，是相传中的人文始祖伏羲、女娲的诞生地。距今 8000 年的大地湾文化，拥有 6 项中国考古之最：中国最早的旱作农业标本、中国最早的彩陶、中国文字最早的雏形、中国最早的宫殿式建筑、中国最早的"混凝土"地面、中国最早的绘画，被称为"黄土高原上的文化奇迹"。兴盛于距今 4000—5000 年之间的马家窑彩陶文化，以其出土数量最多、造型最为独特、色彩绚丽、纹饰精美，代表了中国彩陶艺术的最高成就，达到了世界彩陶艺术的巅峰。马家窑文化林家遗址出土的青铜刀，被誉为"中华第一刀"，将我国使用青铜器的时间提早到距今 5000 年。从马家窑文化到齐家文化，甘肃成为中国最早从事冶金生产的重要地区之一。不仅如此，大地湾文化遗址和马家窑文化遗址的考古还证明了甘肃是中国旱作农业的重要起源地，是中亚、西亚农业文明的交流和扩散区。"西北多民族共同融合和发展的历史可以追溯到甘肃的史前时期"，甘肃齐家文化、辛店文化、寺洼文化、四坝文化、沙井文化等，是"氐族、西戎等西部族群的文化遗存，农耕文化和游牧文化在此交融互动，形成了多族群文化汇聚融合的格局，为华夏文明不断注入新鲜血液"（田澍、雍际春）。周、秦王朝的先祖在甘肃创业兴邦，最终得以问鼎中原。周先祖以农耕发迹于庆阳，创制了以农耕文化和礼乐文化为特征的周文化；秦人崛起于陇南山地，将中原农耕文化与西戎、北狄等族群文化交融，形成了农牧并举、华戎交汇为特征的早期秦文化。对此，历史学家李学勤认为，前者"奠定了中华民族的礼仪与道德传统"，后者"铸就了中国两千多年的封建政治、经济和文化格局"，两者都为华夏文明的发展产生了决定性的影响。

自汉代张骞通西域以来，横贯甘肃的"丝绸之路"成为中原联系西域和欧、亚、非的重要通道，在很长一个时期承担着华夏文明与域外文明交汇、融合的历史使命。东晋十六国时期，地处甘肃中西部的河西走廊地区曾先后有五个独立的地方政权交相更替,凉州(今武威)成为汉文化的三个中心之一,"这一时期形成的五凉文化不仅对甘肃文化产生过深刻影响,而且对南北朝文化的兴盛有着不可磨灭的功绩"(张兵),并成为隋唐制度文化的源头之一。甘肃的历史地位还充分体现在它对华夏文明存续的历史贡献上,历史学家陈寅恪在《隋唐制度渊源略论稿》中慨叹道:"西晋永嘉之乱,中原魏晋以降之文化转移保存于凉州一隅,至北魏取凉州,而河西文化遂输入于魏,其后北魏孝文宣武两代所制定之典章制度遂深受其影响,故此(北)魏、(北)齐之源其中亦有河西之一支派,斯则前人所未深措意,而今日不可不详论者也。""秦凉诸州西北一隅之地,其文化上续汉、魏、西晋之学风,下开(北)魏、(北)齐、隋、唐之制度,承前启后,继绝扶衰,五百年间延绵一脉","实吾国文化史之一大业"。魏晋南北朝民族大融合时期,中原魏晋以降的文化转移保存于江东和河西(此处的河西指河西走廊,重点在河西,覆盖甘肃全省——引者注),后来的河西文化为北魏、北齐所接纳、吸收,遂成为隋唐文化的重要来源。因此,在华夏文明曾出现断裂的危机之时,河西文化上承秦汉下启隋唐,使华夏文明得以延续,实为中华文化传承的重要链条。隋唐时期,武威、张掖、敦煌成为经济文化高度繁荣的国际化都市,中西方文明交汇达到顶峰。自宋代以降,海上丝绸之路兴起,全国经济重心遂向东、向南转移,西北丝绸之路逐渐走过了它的繁盛期。

"丝绸之路三千里,华夏文明八千年。"这是甘肃历史悠久、文化厚重的生动写照,也是对甘肃历史文化地位和特色的最好诠释。作为华夏文明的重要发祥地,这里的历史文化累积深厚,和政古动物化石群和永靖恐龙足印群堪称世界瑰宝,还有距今8000年的大地湾文化、世界艺术宝库——敦煌莫高窟、被誉为"东方雕塑馆"的天水麦积山石窟、

3

藏传佛教格鲁派六大宗主寺之一的拉卜楞寺、"天下第一雄关"嘉峪关、"道教名山"崆峒山以及西藏归属中央政府直接管理历史见证的武威白塔寺、中国旅游标志——武威出土的铜奔马、中国邮政标志——嘉峪关出土的"驿使"等等。这里的民族民俗文化绚烂多彩，红色文化星罗棋布，是国家 12 个重点红色旅游省区之一。现代文化闪耀夺目，《读者》杂志被誉为"中国人的心灵读本"，舞剧《丝路花雨》《大梦敦煌》成为中华民族舞剧的"双子星座"。中华民族的母亲河——黄河在甘肃境内蜿蜒 900 多公里，孕育了以农耕和民俗文化为核心的黄河文化。甘肃的历史遗产、经典文化、民族民俗文化、旅游观光文化等四类文化资源丰度排名全国第五位，堪称中华民族文化瑰宝。总之，在甘肃这片古老神奇的土地上，孕育形成的始祖文化、黄河文化、丝绸之路文化、敦煌文化、民族文化和红色文化等，以其文化上的混融性、多元性、包容性、渗透性，承载着华夏文明的博大精髓，融汇着古今中外多种文化元素的丰富内涵，成为中华民族宝贵的文化传承和精神财富。

甘肃历史的辉煌和文化积淀之深厚是毋庸置疑的，但同时也要看到，甘肃仍然是一个地处内陆的西部欠发达省份。如何肩负丝绸之路经济带建设的国家战略、担当好向西开放前沿的国家使命？如何充分利用国家批复的甘肃省建设华夏文明传承创新区这一文化发展战略平台，推动甘肃文化的大发展大繁荣和经济社会的转型发展，成为甘肃面临的新的挑战和机遇。目前，甘肃已经将建设丝绸之路经济带"黄金段"与建设华夏文明传承创新区统筹布局，作为探索经济欠发达但文化资源富集地区的发展新路。如何通过华夏文明传承创新区的建设使华夏的优秀文化传统在现代语境中得以激活，成为融入现代化进程的"活的文化"，甘肃省委书记王三运指出，华夏文明的传承保护与创新，实际上是我国在走向现代化过程中如何对待传统文化的问题。华夏文明传承创新区的建设能够缓冲迅猛的社会转型对于传统文化的冲击，使传统文化在保护区内完成传承、发展和对现代化的适应，最终让传统文化成为中国现代化进程中的"活的文化"。因此，华夏文明传承创新区的建设原则应该是文化与生活、传统与现代的深度融合，是传承与创新、保护与利用的有机统一。要激发各族群众的文化主体性和文化创造热情，抓住激活文化精神内涵这个关键，真正把传承与创新、保护与发展体现在整个华夏文明的挖掘、整理、传承、展示和发展的全过程，实现文化、生态、经济、社会、政治等统筹兼顾、协调发展。华夏文化是由我国各族人民创造的"一体多元"的文化，形式是多样的，文化发展的谱系是多样的，文化的表现形式也是多样的，因此，要在理论上深入研究华夏文化与现代文化、与各民族文化之间的关系以及华夏文化现代化的自身逻辑，让各族文化在符合自身逻辑的基础上实现现代化。要高度重视生态环境保护和文化生态保护的问题，在华夏文明传承创新区中设立文化生态保护区，实现文化传承保护的生态化，避免文化发展的"异化"和过度开发。坚决反对文化保护上的两种极端倾向：为了保护而保护的"文化保护主义"和一味追求经济利益、忽视文化价值实现的"文化经济主义"。在文化的传承创新中要清醒地认识到，华夏传统文化具有不同层次、形式各样的价值，建立华夏文明传承创新区不是在中华民族现代化的洪流中开辟一个"文化孤岛"，而是通过传承创新的方式争取文化发展的有利条件，使华夏文化能够在自身特性的基础上，按照自身的文化发展逻辑实现现代化。要以社会主义核心价值体系来总摄、整合和发展华夏文化的内涵及其价值观念，使华夏的优秀文化传统在现代语境中得到激活，尤其是文化精神内涵得到激活。这是对华夏文明传承创新的理性、科学的文化认知与文化发展观，这是历史意识、未来眼光和对现实方位准确把握的充分彰显。我们相信，立足传承文明、创新发展的新起点，随着建设丝绸之路经济带国家战略的推进，甘肃一定会成为丝绸之路经济带的"黄金段"，再次肩负起中国向西开放前沿的国家使命，为中华文明的传承、创新与传播谱写新的壮美篇章。

正是在这样的历史背景下，读者出版传媒股份有限公司策划出版了这套《华夏文明之源·历史文化丛书》。"丛书"以全新的文化视角和全球化的文化视野，深入把握甘肃与华夏文明史密切相关的历史脉络，充分挖掘甘肃历史进程中与华夏文明史有密切关联的亮点、节点，以此探寻文化发展的脉络、民族交融的驳杂色彩、宗教文化流布的轨迹、历史演进的关联，多视角呈现甘肃作为华夏文明之源的文化独特性和杂糅性，生动展示绚丽甘肃作为华夏文明之源的深厚历史文化积淀和异彩纷呈的文化图景，形象地书写甘肃在华夏文明史上的历史地位和突出贡献，将一个多元、开放、包容、神奇的甘肃呈现给世人。

按照甘肃历史文化的特质和演进规律以及与华夏文明史之间的关联，"丛书"规划了"陇文化的历史面孔、民族与宗教、河西故事、敦煌文化、丝绸之路、石窟艺术、考古发现、非物质文化遗产、河陇人物、陇右风情、自然物语、红色文化、现代文明"等13个板块，以展示和传播甘肃丰富多彩、积淀深厚的优秀文化。"丛书"将以陇右创世神话与古史传说开篇，让读者追寻先周文化和秦早期文明的遗迹，纵览史不绝书的五凉文化，云游神秘的河陇西夏文化，在历史的记忆中描绘华夏文明之源的全景。随"凿空"西域第一人张骞，开启"丝绸之路"文明，踏入梦想的边疆，流连于丝路上的佛光塔影、古道西风，感受奔驰的马蹄声，与行进在丝绸古道上的商旅、使团、贬谪的官员、移民擦肩而过。走进"敦煌文化"的历史画卷，随着飞天花雨下的佛陀微笑在沙漠绿洲起舞，在佛光照耀下的三危山，一起进行千佛洞的千年营建，一同解开藏经洞封闭的千年之谜。打捞"河西故事"的碎片，明月边关的诗歌情怀让人沉醉，遥望远去的塞上烽烟，点染公主和亲中那历史深处的一抹胭脂红，更觉岁月沧桑。在"考古发现"系列里，竹简的惊世表情、黑水国遗址、长城烽燧和地下画廊，历史的密码让心灵震撼；寻迹石上，在碑刻摩崖、彩陶艺术、青铜艺术面前流连忘返。走进莫高窟、马蹄寺石窟、天梯山石窟、麦积山石窟、炳灵寺石窟、北石窟寺、南石窟寺，沿着中国的"石窟艺术"长廊，发现和感知石窟艺术的独特魅力。从天境——祁连山走入"自然物语"系列，感受大地的呼吸——沙的世界、丹霞地貌、七一冰川，阅读湿地生态笔记，倾听水的故事。要品味"陇右风情"和"非物质文化遗产"的神奇，必须一路乘坐羊皮筏子，观看黄河水车与河道桥梁，品尝牛肉面的兰州味道，然后再去神秘的西部古城探幽，欣赏古朴的陇右民居和绮丽的服饰艺术；另一路则要去仔细聆听来自民间的秘密，探寻多彩风情的民俗、流光溢彩的民间美术、妙手巧工的传统技艺、箫管曲长的传统音乐、霓裳羽衣的传统舞蹈。最后的乐章属于现代，在"红色文化"里，回望南梁政权、哈达铺与榜罗镇、三军会师、西路军血战河西的历史，再一次感受解放区妇女封芝琴（刘巧儿原型）争取婚姻自由的传奇；"现代文明"系列记录了共和国长子——中国石化工业的成长记忆、中国人的航天梦、中国重离子之光、镍都传奇以及从书院学堂到现代教育，还有中国舞剧的"双子星座"。总之，"丛书"沿着华夏文明的历史长河，探究华夏文明演变的轨迹，力图实现细节透视和历史全貌展示的完美结合。

　　读者出版传媒股份有限公司以积累多年的文化和出版资源为基础，集省内外文化精英之力量，立足学术背景，采用叙述体的写作风格和讲故事的书写方式，力求使"丛书"做到历史真实、叙述生动、图文并茂，融学术性、故事性、趣味性、可读性为一体，真正成为一套书写"华夏文明之源"暨甘肃历史文化的精品人文读本。同时，为保证图书内容的准确性和严谨性，编委会邀请了甘肃省丝绸之路与华夏文明传承发展协同创新中心、兰州大学以及敦煌研究院等多家单位的专家和学者参与审稿，以确保图书的学术质量。

《华夏文明之源·历史文化丛书》编委会

2014 年 8 月

目

录
Contents

第一章　丝绸之路发端

当我们轻轻拉开中华民族的帷幕，拂去蒙在华丽帷幕上的灰尘，一条延续中华文明的大商道——丝绸之路正越过漫漫雄关、茫茫戈壁、漠漠黄沙、一望无际的草原、巍巍高耸的葱岭蜿蜒西去直抵欧洲、非洲，在丝绸之路上结对而行的商旅越来越清晰地呈现在我们的面前，驼铃由远而近，又由近而远。那些疲惫的眼神、饥渴的嘴唇、满衣的征尘诉说着一个个神奇而久远的故事。时光荏苒，沧海变成了桑田，英雄逝去，枯骨化作了云烟，没有变的是小小的蚕虫，吐丝成茧，作茧自缚，破茧成娥，产卵成虫，吐丝成茧，周而复始地吐丝，本书的丝绸之路商旅的故事，就是从这个小小的蚕虫说起……

嫘祖纺丝

传说公元前 30 世纪，黄帝利用指南车明辨了方向从而战胜蚩尤后，建立了华夏部落联盟，黄帝被推选为部落联盟首领。黄帝带领大家发展生产，种植五谷，驯养动物，冶炼铜铁，制造生产工具。而做衣冠的事，就交给他的正妃嫘祖负责了。在做衣冠的过程中，嫘祖和黄帝手下的另外三个人做了具体分工——胡巢负责做冕（帽子）、伯余负责做衣服、于则负责做履(鞋)，而嫘祖则负责提供原料。嫘祖经常带领妇女上山剥树皮，织麻网，她还和伙伴们把男人们猎获的各种野兽的皮毛剥下来进行加工。不长时间，各部落的大小首领都穿上了衣服和鞋，戴上了帽子。然而嫘祖因为劳累过度而病倒了。她不思饮食，一日比一日消瘦。

周围的男男女女，人人焦急万分，个个坐卧不安。守护在嫘祖身边的几个女子，想尽了各种办法，做了好多嫘祖平时爱吃的食品，谁知嫘祖一看，总是摇摇头，一点也不想吃。

有一天，这几个女人悄悄商量，决定上山摘些野果回来给嫘祖吃。她们一早就进山，跑遍了山山岭岭，采摘了许多果子，可是一尝，不是涩的，便是酸的，都不可口。天快黑了，一个女子突然在一片桑树林里发现满树结着白色的小果。她们以为找到了鲜果，就忙着去摘，谁也没顾得尝一小口。等各人把筐子摘满后，天已渐渐黑了。她们怕山上有野兽，就匆匆忙忙下山。回来后，这些女子尝了尝白色小果，没有什么味道；又用牙咬了咬，怎么也咬不烂。大家你看看我，我看看你，谁也不知道是什么果子。

正在这时，造船的共鼓走了过来，发现几个女子站在那里发愣，连忙问发生了什么事。女子们便把她们为嫘祖上山摘回白色小果的事说了一遍。共鼓一听，哈哈一笑说："你们这些憨女子，现在咱们有火有锅，咬不烂就用水煮嘛！"他这么一说，立刻提醒了几个女子，她们连忙把摘回的白色小果都倒进锅里，注入水用火慢慢炖煮起来。

她们用小火炖煮了好长时间，捞出其中一个用嘴一咬，还是咬不烂。正当大家急得不知该怎么办的时候，有一个性急的女子随手拿起一根干净的木棍，伸进锅里乱搅，边搅边说："看你烂不烂，看你熟不熟！"搅了一阵子，把木棍往出一拉，木棍上缠着很多像头发丝一样细的白线。

这是怎么回事？

女子们继续边搅边缠，不大工夫，煮在锅里的白色小果全部变成雪白的细丝线，看上去晶莹夺目，柔软异常。

她们把这个稀奇事立即告诉嫘祖。嫘祖更是个急性子，不听则罢，一听马上就要去看。这些女子心疼嫘祖，不让她走动，便把缠在棒上的细线拿到她身边。嫘祖详细看了缠在木棒上的细丝线，又询问了白色小果是从什么山上、什么树上摘的。然后她高兴地对周围女子说："这不是果子，不能吃，但却有大用处。你们为黄帝立下一大功。"

说也怪，嫘祖自从看了这白色丝线后，天天都提起这件事，病情也就慢慢地一天比一天减轻，就开始想吃东西了。不久，她的病就全好了。病好以后，她不顾黄帝让她好好休息的劝阻，让几个女子带路，亲自上山要看个究竟。嫘祖在桑树林里观察了好几天，才弄清这种白色小果，是一种虫子口吐细丝绕织而成的，并非树上的果子。嫘祖回来就把此事报告黄帝，并要求黄帝下令保护山上所有的桑树林。黄帝同意了。

从此，在嫘祖的倡导下，华夏开始了栽桑养蚕的历史。后世人为了纪念嫘祖这一功绩，就将她尊称为"先蚕娘娘"。

嫘祖栽桑养蚕，缫丝纺织，为黄帝制作了开天辟地第一件丝绸做的袍子，还在

嫘祖 |

不同的绸子上描绘龙凤纹和虎豹样，从此丝绸制品成了帝王将相、达官贵族的专用服装。

"先蚕娘娘"发明蚕丝，纺织丝绸，为后来的丝绸之路贸易的重要货物丝绸奠定了先期的物质基础。

嫘祖纺丝，研发了后人开发丝绸之路的主打产品之一，随着历史的发展，丝绸之路的主打产品不断更迭，就有后来居上的陶器、铁器、漆器、瓷器等。说到陶器，就不得不说一说舜制作陶器的故事。

舜制陶器

传说黄帝以后，先后出了三个很出名的部落联盟首领，名叫尧、舜和禹。

他们原来都是一个部落的首领，后来被推选为部落联盟的首领。

那时候，做部落联盟首领的，有什么大事，都要找各部落首领一起商量。尧年纪大了，想找一个继承他职位的人。有一次，尧召集四方部落首领来商议部落联盟首领继承人这件大事。

尧说出他的打算后，有个名叫放齐的说："您的儿子丹朱是个开明的人，继承您的位子很合适。"尧严肃地说："不行，这小子品德不好，专爱跟人争吵。"另一个人说："管水利的共工，工作倒做得挺不错。"尧摇摇头说："共工能说会道，表面恭谨，心里另是一套。用这号人，我不放心。"这次讨论没有结果，尧继续明里暗中物色他的继承人。

有一次，他又把四方部落首领找来商量，要大家推荐。有人推荐舜，正好舜的事迹也传到了尧的耳朵，尧点点头明知故问地说："哦！我也听到这个人挺好。你们能不能把他的事迹详细说说？"大家便七嘴八舌地把舜的情况说开了：舜的父亲是个糊涂透顶的人，人们叫他瞽叟（就是瞎老头儿的意思）。舜的生母早死了，他的后母很不友好。舜的后母生的弟弟名叫象，傲慢得没法说，但瞽叟因为舜的后母的缘故，却很宠爱他。舜虽然生活在这样一个家庭里，但是他依然待他的父亲、后母、同父异母弟弟都挺好，所以，大家认为舜是个德行很好的人。

尧听了挺高兴，决定先把舜考察一下。他把自己两个女儿娥皇、女英下嫁给舜，还替舜筑了粮仓，分给他很多牛羊。舜的后母和弟弟见了，又是羡慕，又是妒忌，和瞽叟一起用计，几次三番想暗害舜，图谋舜的财产。

有一回，瞽叟叫舜修补粮仓的顶，实际上是想把舜烧死。舜在仓顶上一见起火，急着想找梯子，谁知梯子已经不知去向。幸好舜随身带着两顶遮太阳用的笠帽，他就双手抓着笠帽，像鸟张着翅膀一样从粮仓顶跳下来。笠帽随风飘荡，舜轻轻地落在地上，一点也没受伤。

瞽叟和象并不甘心，他们又叫舜去淘井。舜沿着井壁的脚窝小心翼翼地下到井底后，瞽叟和象就在地面上把一块块土石丢下井去，想把舜活活埋在井里面。他们没有想到舜下到井底后，看见井上面跌落土石，就飞快地在井边掘了一个地道，沿着地道钻出地面来，又平平安安地回到了家里。

象不知道舜早已脱险，得意扬扬地回到家里，跟瞽叟说："这一回舜准死了，这个妙计是我想出来的。现在我们可以把舜的财产分一分了。"说完，他向舜住的屋子走去，哪知道，他一进屋子，舜正坐在床边抚琴呢。象心里暗暗吃惊，很不好意思地说："哎，我多么想念您呀！"舜也大度地若无其事，说："你来得正好，我的事情多，正需要你帮助我来料理呢。"以后，舜还是像过去一样和和气气地对待他的父亲、后母和同父异母的弟弟，瞽叟和象也不敢再暗害舜了。

舜曾在历山种田，历山的人都让出田界。他也曾在山东看人捕鱼，若有人礼让老弱，他就到处称赞他们，拿他们做榜样，经过一年，大家都养成了礼让的好习气，不再你争我夺。他在黄河边制作陶器，当地人受到感化，不敢粗制滥造，他走到哪儿，人民就跟到哪儿，于是他住的地方经过一年就形成一个村庄，经过两年就变成城镇，经过三年就变成为大城市。

传说舜经过细细考察，发现那雷泽南岸陶丘地方的泥质很宜于制器，于是就住在那里做陶人。舜独自一人完成烘焙煅炼造胚饰色之法，务必求其坚实，经久耐用，不肯苟且，所以制成的陶器个个欢迎，人人争买。舜一人的制造应不了大众之需要，因此舜竟忙得个不亦乐乎。后来渐渐推销，连远道都闻名，来定货的不少。舜更加忙碌，请了许多人帮忙，但是舜仍旧实事求是，丝毫不苟，而且连价格亦不肯抬高，只求十一之利而已。

一日，有一个远道客人来定货。舜问他住在何处，客人道："住在羽山相近。"舜道："这样远道来买陶器，莫不是便道吗？"客人道："不是，是专程来的。"舜诧异道："难道贵处没有陶人吗？"客人叹道："不瞒足下说，敝地接近东夷，陶器亦很多。起初还比较好，后来有人作伪，将陶器外面形式做得很好，而实质非常脆薄，一用就坏，一碰就碎。大家不知道，还以为自己用得不小心，再去问他买，他个人竟大发其财了。他同业的人见他如此得利，争相模仿，弄得来无器不窳，是陶皆劣。但是陶器又是寻常日用所不可缺的东西，遇到如此，岂不是苦极呢！现在听说足下货色价廉而物美，所以不远千里专诚来买了。盘缠脚费加上去，虽则不免消耗，但是比较起来还是便宜。"舜听了，不胜喟然。客人去后，舜暗想："一个人达而在上，可以化导万方；穷而在下，亦应该化导一乡，方算尽到人生的责任。现在东夷之人既然欺诈到如此，我何妨去设法化导他们呢。"想罢之后，便将陶业统统托付伙友，叫他们仍旧切实制造，自己却孑身往东方而来。

舜仔细观察那边陶器，果然和所听到的没有两样。舜于是选择了一块场所，要想制作坚实的陶器，矫正这个恶俗。

于是舜就在此地做他的陶人。出货之后，大家纷纷购买，弄得那些旧陶人个个生意清淡，门可罗雀。本地的陶人气愤不过，又来和舜滋闹。舜说："诸位以为我夺诸位的生意吗？制货之权在我，但是买货之权不在我。人家不来买，我不能强迫人家来买；人家来买，我不能推。诸位试想想，同是一个陶器，何以诸位所做的大家不喜买；我所做的大家都喜买？这是什么缘故呢？"一个人说道："你所做的坚牢，价又便宜；我们所做松脆，价值又贵。所以大家买你的，不买我们的了。这岂不是有意和我们反对，夺我们的生意吗？"舜道："原来如此。试问诸位，对于人生日用之物都要它松脆，不要它坚牢吗？"

众人听了，一时都回答不出。其中有一个勉强说道："是的。"舜道："那么诸位所穿的衣裳是布做的，假使诸位去买布，卖的人给你松脆的，不给你坚牢的，你要它吗？又譬如买履买冠，给你松脆的，不给你坚牢的，你要它吗？"那人听了，无话可说。舜道："我知道诸位一定不要它的。别人所作松脆的物品我既然不要，我怎么可以做了松脆的物品去卖给人？这个岂不是不恕吗？"众人道："向来我们所做的大家都要买，现在你来做了，大家才不要买。可见是你之故，不是货色松脆之故了。"舜道："这又不然。从前大家要买，是因为除出诸位所做者之外无处可买，是不得已而买，并非欢喜要买。譬如凶荒之年，吃糠吃草，是不得已而吃，并非欢喜去吃。现在诸位硬生生拿了松脆之物强卖给人，与拿了草根糠屑去强人吃无异，岂不是不仁吗？"众人道："我辈做手艺的只知道求富，管什么仁不仁！"舜道："不是如此。仁字之中才有富字，除去仁字之外，哪里还有富呢？"众人忙问何故，舜道："人与禽兽不同的地方，就是能互助。互助二字就是仁。我不欺人，人亦断不欺我。我欺了人，人亦必定欺我。现在诸位因为求富的缘故，拿松脆的物品去欺人，但是欲富者，人之同心。百工之事，假使都和诸位一样的窳陋起来，无物不劣，无品不恶，试问诸位还能够富吗？诸位所做的只有一种陶器；诸位所不做而须向他人去买的，不可胜计。以一种敌多种，哪里敌得过？

在陶器上虽则多得了些利益，但是消耗于它种的已不知道有多少倍！真所谓间接的自己杀自己，不仁而仍不富，岂不是不智吗？"众人听到此，似乎都有点感悟，说道："是呀，这几年来，各项物件似乎都有些不耐用，不就是这个缘故吗？"舜道："诸位既然感觉到此，何妨先将陶器改良起来，做个榜样呢。"众人听了，无语而去。

⋯⋯

尧听了大家介绍的舜的事迹，又经过考察，认为舜确是个品德好又挺能干的人，就把首领的位子让给了舜。这种让位，历史上称作"禅让"。

其实，在氏族公社时期，部落首领老了，用选举的办法推选新的首领，并不是什么稀罕事儿。舜接位后，也是又勤劳，又俭朴，跟老百姓一样劳动，受到大家的信任。等到尧死了，舜还想把部落联盟首领的位子让给尧的儿子丹朱，可是大家都不赞成。舜才正式当上了首领。

命运多舛的舜被推选为部落首领，他的陶艺也跟着丝绸成为贸易的重要货物对象。

介绍完嫘祖纺丝、舜制陶器的故事，该说说"妹喜裂帛"这个故事，这个故事能够印证我国丝绸的悠久的历史。

妹喜裂帛

历史的发展不以人的意志为转移，尧禅让位给舜，舜禅让位给禹，禹后传位给儿子，"家天下"始，到了夏代。在夏代，如今的蒙阴县境内，有一个方国（也有的称作部落），称作"有施氏"。有施氏原来是臣服夏王朝的，年年纳贡，岁岁来朝。后来由于王室衰败，朝廷腐化，夏王贪得无厌，横征暴敛，索要的东西越来越多，无法满足他的私欲，一时天下怨声载道。在这种情况下，有施氏带头不朝不贡。

当时，在位的是夏王朝第十七任国王，也就是最后的一位君王，后来人们称作"桀"的暴君。他为了稳住自己的江山、遏制四方造反的苗头，于是决定杀鸡儆猴，以武力征服有施氏。桀纠集其他方国带领数万大军开始了东征。有施氏占据天时地利，由于物产丰富、农业发达，在众多的方国之中应该是比较有实力的，不然，他们也不敢公开跟夏王朝叫板。但是"好汉架不住人多"，由于他们要面对夏王朝和其他方国的攻击，浴血抵抗了几个月之后，不得不放弃抵抗。媾和的条件之一就是献出有施国的公主，举国最美的姑娘——妹喜。

后来的一些传说讲，夏桀得到妹喜以后，更加荒淫无度。常常把她抱到双膝上，日夜不停地陪她饮酒。面对挥霍无度的昏君，老百姓敢怒而不敢言。人们实在无路可走，有的人对着太阳指桑骂槐道："你这个可恶的太阳什么时候完蛋啊，我真愿意和你一道灭亡。"（"时日曷丧，予及汝偕亡。"）

妹喜虽然漂亮，但她有三个怪癖：一是笑看人们在规模大到可以划船的酒池里饮酒；二是笑听撕裂绢帛的声音；三是喜欢穿戴男人的官帽。

夏桀在建造其规模大到可以划船的酒池时，首先下令处死了阻止其建造酒池的忠谏臣子关龙逢，然后"邀请"三千名饮酒高手在击鼓声中下池畅饮，结果他们中的一些人因酒醉而淹死。面对这种荒谬的场景，妹喜嫣然一笑，由此激发了国王的情欲，令其行为变得更加"荒淫"。

因妹喜听到撕扯缯帛的声音就笑，故桀为此下令宫人搬来织造精美的绢子，在她面前一匹一匹撕开，以博得妹喜的欢心。在农业时代初期，丝绸织造业刚刚兴起，破坏这种稀有昂贵的物品，无异于暴殄天物。

妹喜喜欢穿戴男人的官帽，喜欢像男子一样，愿意过问政治。夏桀常将妹喜置于膝上，言听计从，昏乱失道。因此说妹喜又是一个政治人物。

多行不义必自毙，最后夏王朝终于灭亡了。由于朝廷中有一个妖冶的女子，人们便把夏王朝灭亡的缘故归结到妹喜的身上。

虽然妹喜裂帛的故事听起来骇人听闻，妹喜也被妖魔化，但是通过这个故事，侧面印证了在我国丝绸制造的年代很是久远。

在一些人的耳朵里，裂帛的声音听起来惊心动魄，畅快淋漓，据说就有商末的妲己也非常喜欢裂帛声。

妹喜喜闻裂帛，妲己好听裂帛声，演绎在文学作品中，最为人情味的是清末作家曹雪芹《红楼梦》的"晴雯撕扇"一节。

能够印证我国很早就研发利用丝绸的例子还很多，《诗经》中就有不少这样的诗句。

抱布贸丝

我国的《诗经》，三百零五篇。《诗经》里面不少诗句印证了我国古代丝绸的发达和在民间的推广及应用。

公元前 11 至公元前 3 世纪，周代的植桑养蚕的技术发展得很快，之后得以推广到民间。有诗为证："氓之蚩蚩，抱布贸丝。"

春秋时期，卫国境内淇水边有一位美丽的姑娘叫淇姑，她爱上一个年轻商人，年轻商人误了约期，但终究与她成婚。婚后他去郑国做买

抱布贸丝 |

卖，从此一去不返，伤心的淇姑坐着马车回老家，她边走边唱："氓之
蚩蚩，抱布贸丝。匪来贸丝，来即我谋……"

抱布贸丝，中国成语，出自《诗经·卫风·氓》："氓之蚩蚩，抱布贸
丝。匪来贸丝，来即我谋。"

周穆天子携带丝绸豪情西游

西征

公元前 10 世纪，周穆王游西域，曾向各族酋长赠送丝帛，赐给西
王母锦多达 150 丈，赐给西王母丝绫 450 丈。

周穆王，名满，西周昭王之子，周朝第五代天子，中国历史上最富
有神话色彩的君王之一。

周穆王时，西北方犬戎的势力逐渐强大，阻碍了周朝与西北各国的
往来，成了西周最重要的外患。犬戎是古戎族的一支，商周时游牧于泾

渭流域，是商周的劲敌。一次，由于在朝见周穆王时没有献纳贡品，于是穆王决定西征犬戎。

在西征时，祭公谋父曾提出过不同意西征的意见，但周穆王没有采纳他的意见。战争的结果是周穆王大获全胜，"获其五王，又得四白鹿、四白狼，王遂迁戎于太原"，即俘虏了五个酋长，得到白鹿、白狼各四只，并将一批犬戎部落迁到太原（今甘肃镇原一带），这些情况在《后汉书·西羌传》中有记载。周穆王战胜犬戎后，打通了西周和西北各国的道路，对于加强周人和西北各族人民的友好往来具有重要意义。为丝绸之路的开通提供了可能。

豪情西游

穆王是西周在位时间最长的周王，据说享年105岁，也是一位颇有成就的周王。也许是封建王朝发展到一定时期，法制观念会随之萌芽，所以在他的领导下产生了我国流传下来最早的法典《吕刑》，制定墨、劓、膑、宫、大辟5刑，其细则竟达3000条之多。

"普天之下，莫非王土，率土之滨，莫非王臣。"

周穆王的西游据说是受到一个怪人的启发，据《列子·周穆王》说是从西方一个很远的国度来了一位擅长变戏法的"化人"，不但表演了各种精彩的魔术杂技，而且介绍了西域一带的奇妙的风土人情，勾起了穆王无限的遐思和神往。

周穆王十七年，八骏车来到昆仑。这是中原王朝的最高统治者一次极盛大的出访活动。(此后隋朝的皇帝杨广就在现在的张掖大会诸国，而现在的兰洽会也在为改名为丝绸之路交易博览会而努力。)

穆天子一行来到帕米尔高原上，受到了西王母之邦的隆重而热情的接待，西王母极尽地主之谊，在瑶池(今阿克陶境内喀拉库勒湖)设盛宴款待不远万里来到西域的周穆王一行。

宴会自然是热闹而祥和的，穆王先认真听取了西王母对她们国情的介绍和工作汇报，宾主进行了友好的会谈，然后就是开怀畅饮，轻歌曼舞。最后，西王母不忍代表中央政权的周穆天子离去，一边举起饮料一边歌唱道：

> 白云在天，山陵自出。
>
> 道里悠远，山川间之。
>
> 将子毋死，尚能复来？

歌词大意是——白云悠悠天上飘，一度绕在半山腰；阿哥不嫌天地远，翻山涉水到眼前；祝你保养好身体，下次还要来这里。

周穆王也深受感动，流连忘返，他接受了西王母之邦的美好祝愿与邀请，也举杯对歌：

> 予归东土，和治诸夏。
>
> 万民平均，吾顾见汝。
>
> 比及三年，将复而野。

大意是——今天我得先回故乡，国家需要和平吉祥；国家长治实现以后，还想与你诉说衷肠；暂时拜拜只需三载，一定来到你的地方。

此种情形，演变到现在，和甘肃的松鸣岩花儿会等男女对歌的情形十分相似。

《穆天子传》详细、生动、精彩地记录了这些情节，这两首唱和诗歌不是今人凭空捏造的，证明早在3000多年前西域就和中原已经有了紧密的联系。在现在的新疆克孜勒苏自治州，这块穆天子曾经巡视过的圣土上，还流传着大量周穆王西巡时的动人故事，不少故事在民间广为流传，成为当地民族团结最生动的教材。

丝绸之路雏形——长城

　　说话之间，历史就演绎到了战国的时候。战国的时候中国孕育着新的统一趋势。七个较大的国家为了争夺最后的胜利，进行了殊死的搏斗。这种搏斗，既有战场上的硝烟弥漫，也有巨大的防御工程的施工建设。

　　战国时期处于强势地位的秦国也面临着强大的外部压力。这些压力不是其他六个国家给予的，而是来自于西、北部的游牧部落。在秦国的北部疆界外，即今天的甘肃宁县西北，存在着一个由异族建立的国度——义渠戎国。这个国家接受了中原的先进的中原文明，改变了长期的"逐水草而居"的游牧习惯，能够"筑廓而自守"，并且以切实而强大的存在而影响着七国的连横合纵政策。义渠戎国的强大和表现出的蹚浑水的姿态，使在七国中强大的秦国不得不对其采取"怀柔"的政策。后来义渠戎国为秦昭王所灭，并在其地建立北地郡。然而令秦昭王意想

　| 长城

不到的是，秦国直接遭遇了比义渠戎国更加凶猛的敌人——匈奴。为防匈奴的侵犯掳掠，秦国开始修筑长城。其起点就是今天的甘肃临洮县，并纵横甘肃今天的临洮、渭源、陇西、通渭、静宁、镇原、环县、华池等八县，长度越 2000 公里。

公元前 217 年，秦始皇派大将蒙恬率领 30 万大军攻伐匈奴，修筑长城。

西部长城的修筑，一方面抵御匈奴的掳掠，另一方面东来西往的使者、商人、牧民时常沿着长城脚下行走，因此河西走廊和西部秦长城成为丝绸之路的"丝带"，是丝绸之路的雏形，过往商旅往往沿着长城脚下，走上了茫茫征程。

第二章　西汉开辟丝绸之路

　　在如繁花般的有关"丝绸之路"的史料中，商贾是在"丝绸之路"上来往最频繁的一群人，也是为数最多的一群人。商贾往来于丝路，早于张骞通西域。张骞出使大月氏时，已在大夏（今阿富汗）见到了四川的"邛竹杖"和"蜀布"，大夏人告诉张骞，这些货物是"吾贾人往市之身毒。身毒在大夏东南可数千里"。就是说这些货物来自"身毒"这个国家，而据考证，"身毒"的位置在今天的云、贵、川一带。由此可见，在丝路开辟前，已有中国和印度商贾往返于中国与南亚、中亚的千里交通线。如果将丝绸之路上的这群人组合起来，一定可以组成一条灿烂的星河。然而现在寻找这些人的姓名好比白天仰望星空寻找星星，只能看见最耀眼的几颗……西汉的张骞就是丝绸之路耀眼的星辰中最亮的一颗……

　　丝绸之路的拳头产品丝绸制品和陶器、铁器，在中华远古逐渐形成的并零星远销各地的时候，这些拳头产品迎来了中华民族大融合的机遇。正是这次民族大融合，这些丝绸之路的拳头产品被赏赐给西域诸国的首领，渐渐走出了一条通往欧洲和非洲的大商道，这条大商道几经打通，又几经阻塞……

张骞凿空西域

丝路受阻于匈奴

西汉建国时，北方即面临一个强大的游牧民族的威胁。

这个民族，最初以"獯鬻""猃狁""俨狁""荤粥""恭奴"等名称见于典籍，后统称为"匈奴"。

春秋战国以后，匈奴跨进了阶级社会的门槛，各部分别形成奴隶制小国，其国王称"单于"。楚汉战争时期，冒顿单于乘机扩张势力，相继征服周围的部落，灭东胡、破月氏，控制了中国东北部、北部和西部广大地区，建立起统一的奴隶主政权和强大的军事机器。匈奴奴隶主贵族经常率领强悍的骑兵，侵占汉朝的领土，骚扰和掠夺中原居民。

张骞通西域前，天山南路诸国也已被匈奴所征服，并设"僮仆都尉"，常驻焉耆，往来诸国征收粮食、羊马。南路诸国实际已成匈奴侵略势力的一个重要补给线；30多万各族人民遭受着匈奴贵族的压迫和剥削。

汉高祖七年（前200年）冬，冒顿单于率骑兵围攻晋阳（今山西太原）。刘邦亲领32万大军迎战，企图一举击溃匈奴主力。结果，刘邦反被冒顿围困于白登（今山西大同东），七日不得食，只得采用陈平的"奇计"，暗中遣人施贿于冒顿的阏氏夫人，始得解围。

奇计，与美人有关

美人计，语出《六韬·文伐》："养其乱臣以迷之，进美女淫声以惑之。"意思是，对于用军事行动难以征服的敌方，要使用"糖衣炮弹"，先从思想意志上打败敌方的将帅，使其内部丧失战斗力，然后再行攻取。对兵力强大的敌人，要制服他的将帅；对于足智多谋的将帅，要设法去腐蚀他。

史料记载：汉军在被围了七天后，粮食也快吃完了，饥寒交迫，危在旦夕。陈平看到冒顿单于对新得的阏氏（单于的妻妾）十分宠爱，朝夕不离。这次在山下扎营，经常和阏氏一起骑马出出进进，浅笑低语，情深意笃。于是陈平向刘邦献计，想从阏氏身上打主意。刘邦采用陈平之计，派遣使臣，乘雾下山向阏氏献上了许多的金银珠宝。

于是阏氏就对冒顿单于说："军中得到消息说，汉朝有几十万大军前来救援，只怕明天就会赶到了。"单于问："有这样的事？"阏氏回答说："汉、匈两主不应该互相逼迫得太厉害，现在汉朝皇帝被困在山上，汉人怎么肯就此罢休？自然会拼命相救的。就算你打败了汉人，夺取了他们的城地，也可能会因水土不服，无法长住。万一灭不了汉帝，等救兵一到，内外夹攻，那样我们就不能共享安乐了。"冒顿单于问："那怎么办呢？"阏氏说："汉帝被围了七天，军中没有什么慌乱，想必是有神灵在相助，虽有危险但最终会平安无事的。你又何必违背天命，非得将他赶尽杀绝呢？不如放他一条生路，以免以后有什么灾难降临到咱们头上。"

冒顿单于本来与韩王信的部下王黄和赵利约定了会师的日期，但他们的军队没有按时前来，冒顿单于怀疑他们同汉军有勾结，就采纳了阏氏的建议，打开包围圈的一角，让汉军撤出。当天正值天气出现大雾，汉军拉满弓按上箭，从已经解除包围的一角慢慢地走出，才得以脱险。

阏氏对冒顿单于的话说得冠冕堂皇，一方面是因为她收受了刘邦使者的大量贿赂；一方面，刘邦的使者也敲诈了阏氏，使者在贿赂她的金钱中有一副美人图，并对她说汉朝准备送绝世美女给冒顿，如果美女来了，你的地位就危险了，还不如你劝冒顿单于收兵，这样对你有利。

从此，刘邦再不敢用兵于北方。后来的惠帝、吕后，和文景二帝，考虑到物力、财力的不足，对匈奴也都只好采取"和亲"、馈赠及消极防御的政策，但匈奴贵族仍寇边不已。文帝时代，匈奴骑兵甚至深入甘泉，进逼长安，严重威胁着西汉王朝的安全。

雄才大略汉武帝

汉武帝刘彻，是中国历史上一位具有雄才大略的伟人。建元元年（前140年）即位时，年仅16岁。此时，汉王朝已建立六十余年，历经汉初几代皇帝，奉行轻徭薄赋和"与民休息"的政策，特别是"文景之治"，政治的统一和中央集权的进一步加强，社会经济得到恢复和发展，并进入了繁荣时代，国力已相当充沛。据史书记载，政府方面，是"鄙都庾廪尽满，而府库余财"，甚至"京师之钱，累百巨万，贯朽而不可校；太仓之粟，陈陈相因，充溢露积于外，腐败不可食"。在民间，是"非遇水旱，则民人给家足"，以至"众庶街巷有马，阡陌之间成群，乘字牝者摈而不得与聚会，守闾阎者食粱肉"。汉武帝正是凭借这种雄厚的物力财力，及时地把反击匈奴的侵扰、从根本上解除来自北方威胁的历史任务提上了日程。也正是这种历史条件，使一代英才俊杰，得以施展宏图，建功立业。

汉武帝即位不久，从来降的匈奴人口中得知，在敦煌、祁连一带曾住着一个游牧民族大月氏，中国古书上称"禺氏"。秦汉之际，月氏的势力强大起来，攻占邻国乌孙的土地，同匈奴发生冲突。汉初，多次为匈奴冒顿单于所败，国势日衰。至老上单于时，被匈奴彻底征服。老上单于杀掉月氏国王，还把他的头颅割下来拿去做成酒器。月氏人经过这次国难以后，被迫西迁。在现今新疆西北伊犁一带，赶走原来的"塞人"，重新建立了国家。但他们不忘故土，时刻准备向匈奴复仇，并很想有人相助，共击匈奴。

汉武帝根据这一情况，遂决定联合大月氏，共同夹击匈奴。于是下令选拔人才，出使西域。汉代的所谓"西域"，有广义和狭义之分。广义地讲，包括今天中国新疆天山南北及葱岭（即帕米尔）以西的中亚、西亚、印度、高加索、黑海沿岸，甚至达东欧、南欧。狭义地讲，则仅指敦煌、祁连以西，葱岭以东，天山南北，即今天的新疆地区。天山北路，是天然的优良的牧场，当时已为匈奴所有，属匈奴右部，归右贤王和右将军管辖。西北部伊犁河一带原住着一支"塞人"，后被迁来的月氏人所驱逐。而大月氏后又为乌孙赶走。

天山南麓，因北阻天山，南障昆仑，气候特别干燥，仅少数水草地宜于种植，缺少牧场，汉初形成 36 国，多以农业为生，兼营牧畜，有城郭庐舍，故称"城郭诸国"。从其地理分布来看，由甘肃出玉门、阳关南行，傍昆仑山北麓向西，经且末（今且末县）、于阗（今于田县），至莎车（今莎车县），为南道诸国。出玉门、阳关后北行，由姑师（今吐鲁番）沿天山南麓向西，经焉耆（今焉耆县）、轮台（今轮台县）、龟兹（今库车县），至疏勒，为北道诸国。南北道之间，横亘着一望无际的塔里木沙漠。这些国家包括氐、羌、突厥、匈奴、塞人等各种民族，人口总计30 余万。

张骞通西域前，天山南路诸国也已被匈奴所征服，并设"僮仆都尉"，常驻焉耆，往来诸国征收粮食、羊马。南路诸国实际已成匈奴侵略势力的一个重要补给线；30 多万各族人民遭受着匈奴贵族的压迫和剥削。

葱岭以西，当时有大宛、乌孙、大月氏、康居、大夏诸国。由于距匈奴较远，尚未直接沦为匈奴的属国。但在张骞出使之前，东方的汉朝和西方的罗马对他们都还没有什么影响。故匈奴成了唯一有影响的强大力量，他们或多或少也间接地受制于匈奴。

从整个形势来看，联合大月氏，沟通西域，在葱岭东西打破匈奴的控制局面，建立起汉朝的威信和影响，确实是孤立和削弱匈奴，配合军事行动，最后彻底战胜匈奴的一个具有战略意义的重大步骤。

张骞和甘父

据史书记载，张骞字子文，西汉成固（今陕西省城固县）人。他体魄健壮，性格开朗，富有开拓和冒险精神。关于张骞前期的资料，无法搜集，由此可以推断，他不是官宦之家，是平民的后代。

和张骞一起出使的还有堂邑父。堂邑父是中国汉朝时的西域胡人，本名甘父，另说，姓堂邑，名甘父，亦说字胡奴甘父，匈奴人，战争中被俘虏，为堂邑县一贵族家奴仆，所以又称堂邑父，其射箭技巧精良，被释放后加入汉军。公元前138年，随张骞出使西域，是张骞第一次出使西域的助手和向导、优秀的射手，在西行路上的困难时期，凭射技射野兽以充饥，和张骞一起被匈奴人所抓，最后整个使队数百人仅有他和张骞二人安全回国，为张骞出使西域立下汗马功劳。元朔三年（前126年)归国，汉武帝封他为奉使君。

当汉武帝下达诏令后，满怀抱负的年轻的张骞，挺身应募，毅然挑起国家和民族的重任，勇敢地走上了黄沙漫漫的征途。

初次出使西域,不辱使命

武帝建元二年(前139年)，张骞奉命率领一百多人，从陇西(今甘肃临洮)出发。堂邑父，充当张骞的向导和翻译。他们西行进入河西走廊。这一地区自月氏人西迁后，已完全为匈奴人所控制。正当张骞一行匆匆穿过河西走廊时，不幸碰上匈奴的骑兵队，全部被抓获。匈奴的右部诸王将立即把张骞等人押送到匈奴王庭(今内蒙古呼和浩特附近)，见当时的军臣单于(老上单于之子)。

军臣单于得知张骞欲出使月氏后，对张骞说："月氏在吾北，汉何以得往？使吾欲使越，汉肯听我乎？"这就是说，站在匈奴人的立场，无论如何也不容许汉使通过匈奴人地区，去出使月氏。就像汉朝不会让匈奴使者穿过汉区，到南方的越国去一样。张骞一行被扣留和软禁起来。

匈奴单于为软化、拉拢张骞，打消其出使月氏的念头，进行了种种威逼利诱，还给张骞娶了匈奴的女子为妻，生了孩子。但均未达到目的。他"不辱君命""持汉节不失"，始终没有忘记汉武帝所交给自己的神圣使命，没有动摇为汉朝通使月氏的意志和决心。张骞等人在匈奴一直留居了十年之久。

至元光六年（前129年），敌人的监视渐渐有所松弛。一天，张骞趁匈奴人不备，果断地离开妻儿，带领其随从，逃出了匈奴王庭。

这种逃亡是十分危险和艰难的。幸运的是，在匈奴的10年留居，使张骞等人详细了解了通往西域的道路，并学会了匈奴人的语言，他们穿上胡服，很难被匈奴人查获。因而他们较顺利地穿过了匈奴人的控制区。

但在留居匈奴期间，西域的形势已发生了变化。月氏的敌国乌孙，在匈奴支持和唆使下，西攻月氏。月氏人被迫又从伊犁河流域，继续西迁，进入咸海附近的妫水地区，征服大夏，在新的土地上另建家园。张骞大概了解到这一情况。他们经车师后没有向西北伊犁河流域进发，而是折向西南，进入焉耆，再溯塔里木河西行，过库车、疏勒等地，翻越葱岭，直达大宛（今费尔干纳盆地）。路上经过了数十日的跋涉。

这是一次极为艰苦的行军。大戈壁滩上，飞沙走石，热浪滚滚；葱岭高如屋脊，冰雪皑皑，寒风刺骨。沿途人烟稀少，水源奇缺。加之匆匆出逃，物资准备又不足。张骞一行，风餐露宿，备尝艰辛。干粮吃尽了，就靠善射的堂邑父射杀禽兽聊以充饥。不少随从或因饥渴倒毙途中，或葬身黄沙、冰窟，献出了生命。

张骞出使西域 |

　　张骞到大宛后，向大宛国王说明了自己出使月氏的使命和沿途种种遭遇，希望大宛能派人相送，并表示今后如能返回汉朝，一定奏明汉皇，送他很多财物，重重酬谢。大宛王本来早就风闻东方汉朝的富庶，很想与汉朝通使往来，但苦于匈奴的中梗阻碍，未能实现。汉使的意外到来，使他非常高兴。张骞的一席话，更使他动心。于是满口答应了张骞的要求，热情款待后，派了向导和译员，将张骞等人送到康居（今乌兹别克斯坦和塔吉克斯坦境内）。康居王又遣人将他们送至大月氏。

　　长安是归程

　　不料，这时大月氏人，由于新的国土十分肥沃，物产丰富，并且距匈奴和乌孙很远，外敌寇扰的危险已大大减少，改变了态度。当张骞向他们提出建议时，他们已无意向匈奴复仇了。加之，他们又以为汉朝离月氏太远，如果联合攻击匈奴，遇到危险恐难以相助。张骞等人在月氏逗留了一年多，但始终未能说服月氏人与汉朝联盟，夹击匈奴。在此期间，张骞曾越过妫水南下，抵达大夏的蓝氏城（今阿富汗的汗瓦齐拉巴德）。元朔元年(前 128 年)，动身返国。

归途中，张骞为避开匈奴控制区，改变了行军路线。计划通过青海羌人地区，以免匈奴人的阻留。于是重越葱岭后，他们不走来时沿塔里木盆地北部的"北道"，而改行沿塔里木盆地南部，循昆仑山北麓的"南道"。从莎车，经于阗（今和田）、鄯善（今若羌），进入羌人地区。但出乎意料，羌人也已沦为匈奴的附庸，张骞等人再次被匈奴骑兵所俘，又扣留了一年多。

元朔三年（前 126 年)初，军臣单于死了，其弟左谷蠡王自立为单于，进攻军臣单于的太子于单失败逃汉。张骞便趁匈奴内乱之机，带着自己的匈奴族妻子和堂邑父，逃回长安。

这是张骞第一次出使西域。从武帝建元二年(前 139 年)出发，至元朔三年（前 126 年)归汉，共历 13 年。出发时是一百多人，回来时仅剩下张骞和堂邑父子二人。所付出的代价是何等高昂！

张骞这次远征，仅就预定出使西域的任务而论，是没有完成。因为他未能达到同大月氏建立联盟，以夹攻匈奴的目的。如从其产生的实际影响和所起的历史作用而言，无疑是很大的成功。自春秋以来，戎狄杂居泾渭之北。至秦始皇北却戎狄，筑长城，以护中原，但其西界不过临洮，玉门之外的广阔的西域，尚为中国政治文化势力所未及。张骞第一次通使西域，使中国

| 张骞出使西域

的影响直达葱岭东西。自此，不仅现今中国新疆一带同内地的联系日益加强，而且中国同中亚、西亚，以至南欧的直接交往也建立和密切起来。后人正是沿着张骞的足迹，走出了誉满全球的"丝绸之路"。张骞的"凿空"之功，是应充分肯定的。

张骞第一次出使西域，既是一次极为艰险的外交旅行，同时也是一次卓有成效的科学考察。张骞第一次对广阔的西域进行了实地的调查研究工作。他不仅亲自访问了位处新疆的各小国和中亚的大宛、康居、大月氏和大夏诸国，而且从这些地方又初步了解到乌孙（巴尔喀什湖以南和伊犁河流域）、奄蔡（里海、咸海以北）、安息（即波斯，今伊朗）、条支（又称大食，今伊拉克一带）、身毒（又名天竺，即印度）等国的许多情况。回长安后，张骞将其见闻，向汉武帝做了详细报告，对葱岭东西、中亚、西亚，以至安息、印度诸国的位置、特产、人口、城市、兵力等，都做了说明。这个报告的基本内容为司马迁在《史记·大宛传》中保存下来。这是中国和世界上对于这些地区第一次最翔实可靠的记载。至今仍是世界上研究上述地区和国家的古地理和历史的最珍贵的资料。

汉武帝对张骞这次出使西域的成果，非常满意，特封张骞为太中大夫，授堂邑父为"奉使君"，以表彰他们的功绩。

探索新路　开发西南

张骞第一次出使西域所获得的关于中原外部世界的丰富知识，在以后西汉王朝的政治、军事、外交活动和对匈奴的战争中，发挥了积极的作用，并产生了深远的影响。

在此以前，汉代的君臣还根本不知道，在中国的西南方有一个身毒国的存在。张骞在大夏（希腊——巴克特里亚王国）时，忽然看到了四川的土产——邛竹杖和蜀布。他感到十分诧异，追问它们的来源。大夏人告诉他，是大夏的商人从身毒买来的。而身毒国位于大夏的东南方。回国后，张骞向汉武帝报告了这一情况。并推断，大夏位居中国的西南，距长安 12000 里，身毒在大夏东南数千里，从身毒到长安的距离不会比大夏到长安的距离远。而四川在长安西南，身毒有蜀的产物，这证明身毒离蜀不会太远。据此，张骞向汉武帝建议，遣使南下，从蜀往西南行，另辟一条直通身毒和中亚诸国的路线，以避开通过羌人和匈奴地区的危险。张骞的推断，从大的方位来看是正确的，但距离远近的估计则与实际情况不合。当然，在近两千年前张骞达到这样的认识水平，是难能可贵的。汉武帝基于沟通同大宛、康居、月氏、印度和安息的直接交往，扩大自己的政治影响，彻底孤立匈奴的目的，欣然采纳了张骞的建议，并命张骞去犍为郡（今四川宜宾）亲自主持其事。

公元前 3000 年至公元前 2 世纪，中国西南部，包括四川西南、青海南部、西藏自治区东部、云南和贵州等地，为众多的少数民族所聚居，统称为"西南夷"。战国末年楚将军庄乔入滇立国，但不久即重新阻隔。汉武帝初年，曾先后遣唐蒙、司马相如"开发""西南夷"，置犍为郡，并使邛都。月城（今西昌一带）、榨（今汉源一带）、冉駹（今茂县）诸部内附。后因全力对付匈奴，停止了对西南的经营。中国西南各少数民族同中原王朝基本上仍处于隔绝状态。通道西南当时是十分艰难的。

元狩元年（前 122 年），张骞派出四支探索队伍，分别从四川的成都和宜宾出发，向青海南部、西藏东部和云南境内前进。最后的目的地都是身毒。四路使者各行一二千里，分别受阻于氐、榨（四川西南）和禹、昆明（云南大理一带）少数民族地区，未能继续前进，先后返回。

张骞所领导的由西南探辟新路线的活动，虽没有取得预期的结果，但对西南的开发是有很大贡献的。张骞派出的使者，已深入当年庄硚所建的滇国。滇国又名滇越，因遇有战事将士们坐在大象上作战，故又叫

"乘象国"。使臣们了解到，在此以前，蜀的商人已经常带着货物去滇越贸易。同时还知道住在昆明一带的少数民族"无君长""善寇盗"。正是由于昆明人的坚决阻挠，使得汉朝的使臣不得不停止前进。在此以前，西南各地的少数民族，对汉朝的情况几乎都不了解。难怪汉使者会见滇王时，滇王竟然好奇地问："汉朝同我们滇国比较，是哪一国大呢？"使者到夜郎时，夜郎侯同样也提出了这个问题。这就成为后世"夜郎自大"典故的由来。通过汉使者的解释和介绍，他们才了解到汉朝的强大。汉王朝从此也更注意加强同滇国、夜郎及其他部落的联系。至元鼎元年（前116年），汉王朝正式设置牂柯、越嶲、沈黎、汶山、武都等五郡，以后又置益州、交趾等郡，基本上完成了对西南地区的开拓。

从博望侯到庶人

张骞通使西域返回长安后，汉朝抗击匈奴侵扰的战争，已进入了一个新的阶段。探险西南的前一年，张骞曾直接参加了对匈奴的战争。元朔六年（前123年）二月和四月，大将军卫青，两次出兵进攻匈奴。汉武帝命张骞以校尉，从大将军出击漠北。当时，汉朝军队行进于千里塞外，在茫茫黄沙和无际草原中，给养相当困难。张骞发挥他熟悉匈奴军队特点、具有沙漠行军经验和丰富地理知识的优势，为汉朝军队做向导，指点行军路线和扎营布阵的方案。由于他"知水草处，军得以不乏"，保证了战争的胜利。事后论功行赏，汉武帝封张骞为"博望侯"。颜师古在《汉书》注中认为，"博望"是"取其能广博瞻望"。这是汉武帝对张骞博闻多见、才广识远的恰当肯定。

元狩二年（前121年），张骞又奉命与"飞将军"李广，率军出右北平（今河北东北部地区），进击匈奴。李广率四千骑做先头部队，张骞将万骑殿后。结果李广孤军冒进，陷入匈奴左贤王四万骑兵的重围。李广率领部下苦战一昼夜，张骞兼程赶到，匈奴始解围而去。此战虽杀伤众多敌人，但李广所率士兵大部分牺牲，张骞的部队亦因过分疲劳，未能追击。朝廷论罪，李广功过两抵，张骞却以"后期"罪贬为庶人。从此，张骞离开了军队生活。但张骞所开始的事业并未结束。不久，他又第二次踏上了通使西域的征途。

张骞二次出使西域

元狩四年（前119年），张骞第二次奉派出使西域。这时，汉朝业已控制了河西走廊、积极进行武帝时对匈奴最大规模的一次战役。几年来汉武帝多次向张骞询问大夏等地情况，张骞着重介绍了乌孙到伊犁河畔后已经与匈奴发生矛盾的具体情况，建议招乌孙东返敦煌一带，跟汉共同抵抗匈奴。这就是"断匈奴右臂"的著名战略。同时，张骞也着重提出应该与西域各族加强友好往来。这些意见得到了汉武帝的采纳。

张骞率领300人组成的使团，每人备两匹马，带牛羊万头，金帛货物价值"数千巨万"，到了乌孙，游说乌孙王东返，没有成功。他又分遣副使持节到了大宛、康居、月氏、大夏等国。元鼎二年（前115年）张骞回来，乌孙派使者几十人随同张骞一起到了长安。此后，汉朝派出的使者还到过安息（波斯）、身毒（印度）、奄蔡（在咸海与里海间）、条支（安息属国）、犁轩（附属大秦的埃及亚历山

| 张骞出使西域

大城），中国使者还受到安息专门组织的两万人的盛大欢迎。安息等国的使者也不断来长安访问和贸易。从此，汉与西域的交通建立起来。

元鼎二年（前115年），张骞回到汉朝后，拜为大行令，第二年死去。他死后，汉同西域的关系进一步发展。

汉通西域，虽然起初是出于军事目的，但西域开通以后，它的影响，远远超出了军事范围。从西汉的敦煌，出玉门关，进入新疆，再从新疆连接中亚细亚的一条横贯东西的通道，再次畅通无阻。这条通道，就是后世闻名的"丝绸之路"。"丝绸之路"把西汉同中亚许多国家联系起来，促进了它们之间的政治、经济、军事和文化的交流。由于中国历代封建中央政府都称边疆少数民族为"夷"，所以张骞出使西域促进了汉夷之间的第一次文化交融。西域的核桃、葡萄、石榴、蚕豆、苜蓿等十几种植物，逐渐在中原栽培。龟兹的乐曲和胡琴等乐器，丰富了汉族人民的文化生活。汉军在鄯善、车师等地屯田时使用地下相通的穿井术，习称"坎儿井"，在当地逐渐推广。此外，大宛的汗血马在汉代非常著名，名曰"天马"，"使者相望于道以求之"。那时大宛以西到安息国都不产丝，也不懂得铸铁器，后来汉的使臣和散兵把这些技术传了过去。中国蚕丝和冶铁术的西进，对促进人类文明的发展贡献甚大。

整个西汉时期，社会经济获得很大发展，手工业生产门类众多，绚丽多姿的丝绸、精致轻巧的漆器等，都达到了很高的水平。

和亲乌孙两公主

细君公主和亲

汉武帝采纳张骞"断匈奴右臂"的策略，派其游说乌孙王，虽然当时没有成功，元封六年（前105年），乌孙王以良马千匹为聘礼向汉求和亲，武帝把江都公主细君嫁给乌孙王。

早在 2000 多年前的西汉，伊犁河流域是当时西域最强大的乌孙国的游牧地。乌孙属哈萨克族祖先的一支。西汉武帝时期，为了彻底击败西北边塞的匈奴，张骞建议用厚赂招引乌孙，同时下嫁公主，与乌孙结为兄弟，这样就可"断匈奴右臂"，共同夹击匈奴。于是，就有了中国刘细君和亲乌孙王的故事，刘细君生在钟鸣鼎食之家，长于温柔富贵之乡。其父刘建养尊处优，放荡不羁。他联络对朝廷不满的刘安等人，企图谋反。丞相府长史在他的住处查出了武器、印玺、绶带、使节和地图等准备反叛的大量物证，立报汉武帝。刘建情知罪不可赦，遂于元狩二年（前 121 年）以衣带自缢身亡，细君的母亲以同谋罪被斩。父母死时，细君尚幼，赦无罪。不久她被带入长安宫中生活，并有专人教以读书。稍长，细君即能诗善文，并且精通音律，出落成才貌双全的大公主。

元封三年（前 108 年）的某一天，一纸诏书改变了她一生的命运。汉武帝诏命她远嫁"去长安八千九百里"的乌孙国。送嫁那一天，汉武帝"赐乘舆服御物，为备官属宦官侍御数百人，赠送甚盛"，盛装的细君在随从官员、乐队、杂工以及侍女等数百人的簇拥下，依依不舍地上了车辇，送亲队伍浩浩荡荡地向西进发，一路上锦旗蔽日，鼓乐喧天，十分壮观，京城长安在细君的泪眼中越来越远……

为了迎接汉朝公主的到来，乌孙国都赤谷城大路两旁官民奏起胡乐，载歌载舞。猎骄靡见细君生得纤弱娴静、白嫩艳丽，且能歌善舞，才貌双全，非常高兴，"以为右夫人"。因为细君公主肤色白净、花容月貌，乌孙人称她为"柯木孜公主"，意思是"肤色白净美丽像马奶酒一样的公主"。匈奴得知乌孙与汉结盟，闻风而动，"亦遣女妻昆莫（乌孙王号），昆莫以为左夫人"（乌孙以左为贵）。乌孙国毕竟临近匈奴，离汉室太远，匈奴女后嫁而为左夫人，此时，猎骄靡仍然畏惧匈奴的势力，希望在汉王朝与匈奴之间保持平衡。

自幼长在深闺的细君自然比不上匈奴公主对塞外生活的适应。匈奴公主骑马如飞，挽弓射雕，驰骋草原。而在江都富贵之乡长大的细君却很不适应逐水草、住毡房的草原游牧生活，加之语言不通，与猎骄靡沟通困难，更有匈奴嫁过来的左夫人为敌，其悲愁艰难可想而知。然而，作为汉朝公主，她深知自己的使命关系着大汉边疆的安宁，于是

刘细君和亲

"自治宫室居，岁时一再与昆莫会，置酒饮食，以币帛赐王左右贵人"。用汉武帝所赐丰厚妆奁与礼物，广泛交游，上下疏通，为汉朝做了大量工作。

细君公主到达乌孙后，每隔一年汉朝还派使臣带着帷帐锦绣等前往探视。作为汉朝与乌孙的第一个友好使者，细君公主使乌孙与汉朝建立了巩固的军事联盟，达到了联合乌孙，遏制匈奴的目的。但身处"天苍苍，野茫茫，风吹草低见牛羊"的塞外边陲，满耳只闻异族语言，满眼都是异域风光，细君公主常常在梦里见到的依然是江都那绮丽的南方景色和长安那繁华的都市风光。想起自己的身世，感叹命运的悲凉，她常常抱着琵琶，唱不尽那幽怨之情。

细君公主精通音律，妙解乐理。据史载，乐器琵琶创制的直接原因就是细君出塞乌孙。晋人傅玄《琵琶赋•序》对之考证甚详，"汉遣乌孙公主，念其行道思慕，使知音者裁琴、筝、筑、箜篌之属，作马上之乐"。北宋大文豪苏轼《宋书达家听琵琶声诗》："何异乌孙送公主，碧

天无际雁行高。"唐人段安节在《乐府杂录》中明确指出:"琵琶,始自乌孙公主造。"或隐指,或明言,都认为刘细君是琵琶的首创者。

在一个深秋的清晨,郁闷已久的细君走出夏宫,徜徉在"地莽平,多雨寒,山多松"的昭苏夏特河谷。远处,乌孙山巍峨矗立,山中墨绿的塔松、碧绿的青草、枣红的骏马、洁白的羊群,在晨光的映衬下美丽而生动。河岸上生长着蒲草,蒲草旁边摇动着一串一串殷红的水蓼花,俨然江南秋色。猛抬头,一对天鹅由西向东缓缓飞去,撩起汉家公主强烈的思乡之情,悲戚之感油然而生。望着天鹅越飞越远,几年的痛苦凝结成诗行一泻而出,吟唱出那首被史官班固记入《汉书》的思乡绝唱《悲愁歌》:"吾家嫁我兮天一方,远托异国兮乌孙王。穹庐为室兮旃为墙,以肉为食兮酪为浆。居常土思兮心内伤,愿为黄鹄兮归故乡!"当这首思乡之歌传到长安后,"天子闻而怜之",但是为了大汉王朝的社稷江山,汉武帝又怎能让细君回来。遂一边派使节携带锦绣帷帐、美味佳肴等前往乌孙慰问,一面勉励她安心边塞,不负王命。这首《悲愁歌》,如泣如诉,言辞似子规啼血,令人黯然神伤,后收入汉诗,被称为"绝调"。因歌词中有"愿为黄鹄"佳句,又称为《黄鹄歌》。

猎骄靡是乌孙历史上一位杰出的政治家,虽年老昏花,但很精明,细君的哀怨乌孙王怎能看不出来?按乌孙的礼俗,国王死后,年轻的王后必须嫁给王室子孙为妻。为了细君的幸福,也怕将来莫测的变化可能对细君不利,猎骄靡思前想后,决定在自己生前将细君嫁给继承他王位、年纪与细君相仿的孙子(岑陬)军须靡。这虽是乌孙国的传统习俗,但在汉族人看来,却是违经背义、不符合伦理道德规范,细君公主自然不肯接受。在万般无奈的情况下,她上书恳求汉武帝,一旦猎骄靡归天,便将她召回故土,她要把自己的生命结束在养育自己的土地上。汉武帝接书后,内心也很悯情,可匈奴仍在北方虎视眈眈,为保中原安宁，与乌孙的结盟就必须坚持下去。于是汉武帝回书曰："从其国俗、欲与乌孙共灭胡。"细君只得含悲忍辱再嫁军须靡。细君虽然与军须靡年龄相当，但此时她已心如死灰，终日以泪洗面。两年后，猎骄靡病故，由于猎骄靡的儿子早亡，孙子军须靡继承王位，细君为军须靡生下一女，名少夫。因为产后失调，加上心情抑郁、思乡成疾，细君不久因忧伤而死，时年仅 25 岁，年轻的生命永远长眠在塞外的大草原上。

细君的一生充满了传奇色彩，她由藩国郡主沦为罪臣之女，再由罪臣之女骤升为大汉王朝的皇室公主，又由皇室公主成为乌孙王祖孙两代的夫人。她历经几番浮沉，饱尝了人间的荣宠和酸楚。可以说她为了国家的利益、民族的大义，做出了巨大的贡献和牺牲。

沧海桑田，如今的伊犁哈萨克自治州是古乌孙国故地，古乌孙人是伊犁主体民族哈萨克族的族源之一，哈萨克族中至今还有叫"乌孙"的部落。他们主要居住在伊犁河谷昭苏县一带，细君公主的故事在这里流传甚广，被当地传颂为"民族团结"的楷模。

读一读细君公主的诗歌，第一位和亲的汉公主，内心有多少孤独和忧伤！

吾家嫁我兮天一方，远托异国兮乌孙王。

穹庐为室兮毡为墙，以肉为食兮酪为浆。

居常土思兮心内伤，愿为黄鹄兮归故乡。

解忧公主、冯嫽、常惠

解忧和细君一样是罪臣之女。这样的家庭，决定了她不能决定自己的幸福。

解忧公主（前 120—前 49 年）出生皇族，祖父刘戊曾是霸居一方的楚王。景帝三年春，刘戊参与同姓诸王的"七国之乱"，兵败身亡。从此，解忧公主和她家人长期受猜忌和排斥，落入无法扭转的苦难之中。

当罪臣江都王刘建之女因"和亲"远嫁乌孙昆莫（国王）而郁郁以终之后，汉武帝为了巩固与乌孙的联盟，于太初四年（前101年）又将年仅20岁的解忧，嫁给乌孙昆莫。

太初二年（前103年），乌孙国客人来到长安，上书汉廷为乌孙王求娶汉家公主，以此延续乌汉联盟，垂怜大王失去细君公主的悲痛，汉武帝爽快地答应了乌孙的请求。诏书就是皇帝的命令，谁也不能违抗，解忧一家含着眼泪跪拜接旨谢恩；才女佳人的解忧即将奔赴西域，她并不畏惧和亲公主肩负的重任。此一去9000里的漫漫征途何其遥远，此一去50年的岁月里经历了无数的风风雨雨；解忧公主如鹤翔蓝天一样奋力展翅，其中的悲欢离合又有多少人怜悯动情?!

公主初到乌孙时嫁给军须靡，岑陬是他过去的官号，位居右夫人的解忧公主遇到两个大难题，一是多年没有怀孕遭到冷落，匈奴公主自然十分开心；汉朝与匈奴的战事多有失利，乌孙王军须靡又因病去世。解忧公主和匈奴公主都依照乌孙国的习俗改嫁给了号称肥王的翁归靡。二是解忧公主始终位居右夫人的不利地位，始终处在亲汉派和亲匈奴派的矛盾冲突，和宫廷王位争夺战的险象环生的逆境中，忍辱负重的解忧公主志向坚定，极力维护汉朝和乌孙的联盟，致力于乌孙国的兴国之路，一点一滴地苦心经营，站稳了脚跟。

冯嫽

冯嫽即是解忧公主的侍女，她既通晓汉文史书，又熟悉西域的情况，后嫁乌孙右大将为妻，曾代表解忧公主持节遍访天山以南诸国，深得各国的敬重和信任，被人们尊称为冯夫人。

军须靡死后，政归其叔翁归靡。翁归靡去世后，乌孙贵族拥立军须靡与匈奴妻所生泥靡为王（人称狂王），娶解忧公主，生一男鸱靡，9岁夭折。甘露元年（前53年），肥王与匈奴妻所生乌就屠袭杀狂王，自立为乌孙王。

在乌孙争夺王位的纠纷中，冯嫽利用她的丈夫右大将与乌就屠相好的关系，说服乌就屠退居小王，由解忧公主的长子元贵靡任大王。汉宣帝为此召回冯嫽，并派她为使臣，代表汉朝前往乌孙调解，冯嫽在赤谷城（今伊塞克湖南）对元贵靡和乌就屠分别颁发印绶，化干戈为玉帛，使汉朝所派准备征伐乌就屠的五千人马行至敦煌而撤回，从而维护了汉朝与乌孙的和好关系，避免了一场战争。

常惠

常惠是解忧公主出嫁前在京城的好友，解忧公主出嫁的第三年，他随苏武一同出使匈奴，被匈奴扣留长达 19 年，直到汉昭帝即位后在汉朝的多次要求下才和苏武等人一同回到汉朝。在解救苏武归国中，常惠立下很大功劳，升为光禄大夫。以后在巴里坤之战中，常惠又立下不可磨灭的功劳，被封爵为长罗侯，并接替已经病故的苏武，做了典属国（专管汉朝与各国少数民族的事务）。巴里坤之战凯旋后，汉朝又派常惠将军到乌孙国慰劳乌孙国在联手反击匈奴的战役中立下大功的功臣们。

地节年间到元康年间（前 68—前 62 年），汉朝在西域的屯田部队和匈奴的车师争夺战打得艰苦卓绝，双方互有胜负。由于敌众我寡，实力悬殊太大，汉朝的屯田部队打得十分惨烈，汉朝在西域的屯田校尉郑吉率领的屯田部队被匈奴军队死死围困在车师国都交河城。汉廷中大臣们意见分歧，有的主张放弃西域，有的主张向西域增兵。常惠率领张掖、酒泉地方军的数千名骑兵成功地解救了郑吉率领的屯田将士。以后因其熟悉西域国情，在乌孙国上层，常惠也有很高的威望，故而多次出使西域，甚至领兵常驻在乌孙国屯田，一生为乌孙国的和平与建设立下卓越贡献。

元康二年（前 64 年），正当解忧公主 56 岁的寿辰，赤谷城王宫摆下盛筵，佳看美味，时鲜瓜果，琳琅满目。西域 36 国的王公应邀前来，赤谷城汉家公主的宫殿里贵客满盈，君臣痛饮，畅话乌孙国几经磨难，从敦煌一带西迁伊犁河谷，到如今和匈奴平起平坐，而且成为西域 36 国的领头羊的可喜变化。解忧的故友常惠将军在祝寿席间，即兴成咏，做了一首小诗，诗曰：

群山环抱着你啊，美丽的赤谷都城；

碧波万顷的阗池湖啊，也好似扬波歌颂。

蜂飞蝶舞般的各族人民啊，如同百鸟朝凤；

乌孙山的塔松高竿入云啊，装点着西天山的苍穹。

四海之内谁不知道啊，大汉王朝的中兴天下无比；

畅饮甜水时要思源啊，乌孙国的兴盛来源于乌汉联盟。

德高望重的乌孙王啊，堪称乌孙国的一代精英；

有目共睹啊，汉家的和亲公主个个都沥血呕心！

牧羊商人卜式

他只是一个不为人所重的牧羊人；而为国为民的责任心，使他的光彩掩过了满朝王公大臣。

卜式，河南人，自幼"以田畜为事"。其父母死后，尚"有少弟"，到弟弟成年分家时，他"独取畜羊百余，田宅财物尽与弟"，自己则入山牧羊。十多年后，"羊致千余头"，遂"置田宅"，成为富裕之家。（《汉书·卜式传》；以下凡引本传者，不再注明出处）

不为利惑

式风餐露宿、牧羊致富之时，正值汉王朝连续派兵反击匈奴侵扰，战争开支庞大、国家财政困难之际，卜式作为一介布衣，致富不忘国难，主动上书政府，"愿输家财半助边"。这一举动引起朝廷注意。汉武帝为此专门派遣使者前去调查他的动机和目的。使者问:"欲为官乎?"卜式回答:"自小牧羊,不习仕宦,不愿也。"使者又问:"家岂有冤,欲言事乎?"卜式说:"臣生与人亡(无)所争,邑人贫者贷之,不善者教之,所居,人皆从式,式何故见冤!"使者感到奇怪,进一步问:"苟,子何欲?"卜式说:"天子诛匈奴,愚以为贤者宜死节,有财者宜输之,如此而匈奴可灭也。"由此可见,卜式输财助边,完全出于爱国之心,并无他求。尽管如此,当汉武帝把这一情况转告给丞相公孙弘并征求他的意见时,这位"性意忌,外宽内深"(《资治通鉴》卷十九,汉纪十一)的丞相却无法理解卜式的义举,认为"此非人情",实属"不轨之臣",不能作为教化的典型。武帝对此也有怀疑,于是置之不理。卜式则仍然从事牧羊生产。

过了一年多,匈奴浑邪王降汉,朝廷优加安置,同时加上山东等地发生水灾,"贫民大徙","人或相食,方二、三千里",而政府却"仓府空""无以尽赡"。(《汉书·食货志》)卜式闻知这一情况后,再次捐钱20万"与河南太守,以给徙民"。汉武帝从河南呈报的当地富人济助贫民的名单中看到卜式的名字,便想起一年前上书输财之事,感到卜式确是真心实意为国家,并非沽名钓誉,于是赏赐给他外徭400人(汉制,称戍边为外徭,出300钱可代役,赐给外徭400人,即可得到12万钱),但卜式旋即又将这些钱全部转给地方,以供财政之需。

当时,社会上商贾们"皆争匿财,积货逐利"(《汉书·食货志》),不济国家之急,不管贫民之困。而唯独卜式依靠双手,勤劳致富,他的家财比起富商大贾们来自然极为有限,但难能可贵的是他手中有钱后,"不为利惑"(《汉书·食货志》),能够把个人致富和国家兴亡的前途联系起来,"数求入财以助县官"(同上)。为此,武帝破格拜卜式为中郎,赐爵左庶长,田十顷,同时,"布告天下,尊显以风百姓"。

致治地方

汉武帝为了招徕天下之财，以补政府财政不足，曾经规定捐钱献财者可以封官赐爵。按照卜式的情况，自然可以任为郎官。但卜式因"不习仕宦"，因而早就表示"不愿为郎"。但武帝为了抓住这一典型，坚持要他留在朝廷担任上林（朝廷园林）牧羊官，卜式只好应诺下来。史书记载，他虽为朝官，但仍然不改布衣本色，亲自参加牧羊劳动。结果不出一年时间，上林羊群个个膘肥体壮，远非昔比。有一天，武帝路过上林，见此情景，十分高兴，便问卜式牧羊之道，卜式回答之后，接着说："非独羊也，治民亦犹是也。"那么他的牧羊之道是什么呢？卜式自己概括为两条："以时起居，恶者辄斥去，毋令败羊。"这就是说第一，按时料理羊的饮食和起居生活；第二，把那些劣质羊统统挑出去，不要使它们影响羊群。听罢这番话，武帝既感惊奇又受启发，觉得卜式虽出身牧羊，但懂得治民之道，是个不凡之人。于是，任命他为缑氏（今河南偃师东南）县令。他到任后，按照牧羊之道，勤政爱民，取优汰劣，致治地方，政绩显著，深得缑氏人民拥护。不久又迁成皋（今河南荥阳汜水镇），他调运军需民用，漕运成绩最突出。由此，武帝认为他忠厚朴实，确是能臣，遂拜他为齐王太傅，转而为国相，协助齐王治理政事。

请缨出战

元鼎五年（前 112 年），对于汉王朝来说，是个多事之年。四月，南越王吕嘉起兵反叛，"杀汉使者及其王、王太后"；不久，西羌 10 万人也侵扰边境，"并与匈奴通使，攻故安、围枹"；同时，匈奴也乘机攻入五原、杀汉太守。（见《汉书·武帝纪》）形势十分严峻。汉王朝不得不两线作战，以 20 万兵力分四路南下平叛，以 10 万兵力西出抵羌；同时几万人渡河定居，设置张掖、酒泉等郡。战事加扩地，后勤供给顿时紧张，兵、马、武器大大增加。

在这国处危境、大敌当前的关头，正在齐王国相任上的卜式，心急如焚，寝食不宁。上书朝廷，请缨出战，表示愿与自己儿子一起率领齐地骁勇善战和拨船涉水之士奔赴前线，以力效国。这又是不同凡响，对于那些惯享利禄、贪生怕死的王公、官僚来说，简直连想也不曾想过。武帝便想利用这一典型来唤起人们的爱国之情。于是，再次下诏予以表彰，赐爵关内侯、黄金四十斤（《资治通鉴》载"六十斤"，以《汉书》为是），田 10 顷，"布告天下，使明知之"。然而，与武帝"风教"愿望相反，"天下莫应"，特别是那些王公贵族中上百位封得列侯的人，对朝廷的号召置若罔闻，对国家的忧患熟视无睹，竟没有一个要求从军征战。这使武帝十分恼火，遂利用这年九月列侯献金助祭之机，以酎金不足为由夺爵 106 人。这就是历史上有名的"酎金失侯"事件。这些人既想保命，又怕失财，结果失去了王侯地位。同时，武帝又任命卜式为朝廷御史大夫。

指陈时弊

卜式担任御史大夫后，指陈时弊，直言不讳，这在当时的朝廷里是比较突出的。

汉初以来，盐铁为私人经营，国家仅设官收税而已。于是富商大贾、豪强地主往往占有山海"专山泽之饶"。国家财政收入大受影响。为了改变这一现象，增加中央政府的财政收入，汉武帝采纳大商人孔仅和东郭咸阳的建议，把冶铁、煮盐、酿酒等重要工商部门收归国有，由政府垄断经营。同时，他还采纳大农令桑弘羊的建议，在全国实行均输平准政策，调剂运输，平衡物价。

盐铁专卖和均输平准是汉武帝加强中央集权的两项重要的财政措施，对其实行的效果武帝和大臣们非常满意。但卜式敏感地发现这两项政策推行过程中产生的弊端，因而对此提出了尖锐的批评。他认为：盐铁专营，国家统得过死，连制作盐铁的工具也统一规定，但官营农具质量不好，价格又贵，地方不便使用，可有的地方强迫人民购置，这是不顾民苦的做法。均输政策中征收船只税，挫伤了商人从事船运的积极性，从而影响了商品流通，使物价有所上涨。对这两件事的指责，涉及对国家政策的看法，关乎国家增加财政收入的来源，因而引起武帝的极大不满，"上由是不说式"。次年，便借故把他贬为太子太傅。

不久，桑弘羊担任治粟都尉，并兼管天下盐铁。武帝北巡朔方，东封泰山，历次巡游，"所过赏赐，用帛百余万匹，钱金以巨万计，皆取足大农"(《汉书•食货志》)。从而深得武帝赞赏和信任。而卜式对此却不以为然。元封元年（前110年）小旱，武帝下令百官求雨，卜式趁机上书，阐发自己对桑弘羊理财之法的看法。他说：地方官吏应当靠租税收入解决支用需要，可桑弘羊则要官吏从事经商活动，贩货逐利，鱼肉百姓，造成天怒人怨。只有杀死桑弘羊，天才下雨。这在桑弘羊宠荣无比、炙手可热的当时，没有刚正之骨是做不到的。班固赞他"质直"，是恰当的。

总之，卜式是西汉时期一种特殊类型的人物。作为一介布衣，他致富不忘义，自觉济国难、解民困，其精神和行为十分可贵；作为朝廷官员，他致治地方，直言敢谏，这在封建王朝中也是少有的。

第三章　东汉通罗马

东汉建立

东汉建立

西汉外戚王莽于公元 9 年灭汉称帝，改国号"新"。

公元 25 年，刘秀在绿林军的协助下，以武力击败了篡位的王莽，夺得帝位。刘秀身为西汉皇族，故仍定国号为汉，但建都洛阳，年号建武，是为汉光武帝。建武二年，光武帝下令全面改革王莽所实施的旧政策，整顿吏治，设尚书六人分掌国家大事，以近一步削弱三公（太尉、司徒、司空）的权限；废除"官奴"；清查土地，使人民生活逐步稳定下来。到公元 1 世纪中叶，经过光武帝、明帝（58—76 年在位）、章帝（76—89 年在位）

东汉朝说唱俑 |

三代的治理，东汉王朝已经逐渐恢复了往日汉朝的强盛，这一时期被后人称之为"光武中兴"。

东都洛阳营造

刘秀建都洛阳以后，即对洛阳进行了大规模的营建，东汉洛阳城是在周代成周城和西汉河南郡的基础上扩建而成的，位于今天洛阳市白马寺镇以东1公里的地方(孟津的平乐和偃师交界的地方)，东汉洛阳城为

| 名刹白马寺

成熟型都城的两城并列型，内称城，外称郭，城郭作用是不相同的，古制称："城以盛君，郭以居民。"经过从夏到周的长期的发展，中原都城有三重甚至四重城的建设，自内而外分别为宫城、皇城或内城、外城。外城就是郭城，也叫罗城，皇城和宫城也叫牙城或戚子城。东汉洛阳城建筑规模宏伟，布局格调严谨。宫城分南北二宫，南宫是皇帝及群僚朝贺议政的地方；北宫是皇帝及妃嫔寝居的地方。南宫辉煌壮丽，殿阁巍峨；北宫气派豪华，风景典雅。京城内交通纵横，街道四通八达，共有24条大街，每街设二街亭，主干道为京城阊阖门外40米宽的穿过城门直达城外的大街，这就是古今驰名的铜驼大街。史书记载，当时已

有洒水车，清扫街道。城内外修建了鸿德苑、芳林苑、菟苑、西苑等园林。其中奇花异草、山水楼阁、珍禽奇兽，应有尽有，是王公贵族们的游乐场所。城外建有三个大市场，商店鳞次栉比，繁荣兴旺，商贾云集，盛况空前。据文献记载，东汉洛阳城"东西六里十一步，南北九里一百步，占地约三百顷一十二亩又三十六步，取长宽整数，称'九六'城"。从故城遗址测知，城墙宽14—30米，东城墙长约3895米，西城墙长约4290米，北城墙长约3700米，南城墙因洛河移位，已被滔滔河水冲没，于今荡然无存，呈不规则长方形。城墙为夯土结构。

城外有宽阔深浚的护城河，环城而流，称为阳渠。阳渠的开挖经历了两个阶段：建武十五年（39年），王梁为河南尹，穿渠引谷水注于洛阳城下，并在王城以东修建了千金堰，以控制水的流量，然而渠修成后却无法通水。建武二十四年（48年），采用大司空张纯的建议，重修阳渠，引洛水为漕。阳渠的开凿，一方面保卫了洛阳城的安全；另一方面，从洛阳经阳渠入洛水，东达齐鲁，南通江淮，西抵关中，形成四方贡赋运输极为便利的水利系统。洛阳城四面设门。东面三门，由北而南依次为上东门、中东门、望京门（或称"旄门""宣平门"）；南面四门，由东向西分别为开阳门、平城门、宣阳门和津阳门；西面三门，由南而北是广阳门、雍门和上西门；北面两门，东谷门和西夏门。12座城门犹如12座雄关当空耸立。每座城门大小不一，但都有三个门道与城中三条街道相通，旁边两道较窄，中间较宽。中间门道也称"御道"，是专供皇帝出入使用的，御道两侧筑有护卫墙。城门（除夏门）皆两重，距地百尺，门外耸立双阙。阙为门前两侧的瞭望楼，上有楼观，下有通路，既用以壮观，又可登临远望；阙外有亭，作为防卫官员驻足之用。为加强城门的防卫，专设城门校尉一人，秩2000石，相当于郡守的职位，总管所有的城门；另设司马一人，秩1000石，主管兵事；每个城门设城门侯一人，秩 600 石，掌管城门的开关与过往行人的盘查。在城东面的三门中，上东门是最北的一座，它直对北宫苍龙门。此门西汉时已有，许多较为重要的仪式都在这里举行，刘邦曾在此册立皇太子，分封诸侯王。夏门在北城西侧，是都城的后门，门南紧靠皇宫，夏门的卫护关系着皇宫的安全。正因为这样，夏门的建筑规模也为诸城门之最。它的城门宽约 31 米，一般城门楼皆为两层，而夏门则"尝造三层楼，去地二十丈"，由于它距离皇宫近，所以那些皇帝国戚及其他关系至密者进宫就走这条道。

东汉洛阳的皇宫分为南、北两宫。两宫之间以有屋顶覆盖的复道连接，南北长七里。所谓复道，是并列的三条路，中间一条，是皇帝专用的御道，两侧是臣僚、侍者走的道。每隔十步还设一卫士，侧立两厢，十分威武。南宫的北门与北宫的南门两阙相对，即"两宫遥相望，双阙百余尺"。整个宫城平面清楚地显示出一个"吕"字形。南宫就是西周初期修建的成周城，后秦始皇将此城封给吕不韦，吕不韦精心经营，使此城规模雄伟，宏丽壮观。西汉刘邦初都洛阳，继续沿用此城，并不断地修葺，使其保持着繁华的景象，南、北宫城均有四座同向同名的阙门，门两侧有望楼为朱雀门，东为苍龙门，北为玄武门，西为白虎门。南宫的玄武门与北宫的朱雀门经复道相连，南宫的朱雀门作为皇宫的南正门与平城门相通而直达城外。由于皇帝多经朱雀门，故此门最为尊贵，建筑也格外巍峨壮观。南宫是皇帝及群僚朝贺议政的地方。建筑布局整齐有序，宫殿楼阁鳞次栉比。主体宫殿坐落在南北中轴线上，自北而南依次为：司马门、端门、却非门、却非殿、章华门、崇德殿、中德殿、千秋万岁殿和平朔殿。中轴线东西侧各有两排对称的宫殿建筑。西侧两排自南而北依次排列。东排为鸿德门、明光殿、宣室殿、承福殿、嘉德门、嘉德殿、玉堂殿、宣德殿、建德殿；西排为云台殿、显亲殿、含章殿、杨安殿、云台、兰台、阿阁、长秋宫、西宫。东侧两排，西排为金马殿、铜马殿、敬法殿、章德殿、乐成门、乐成殿、温德殿和东宫；东排为侍中庐、清凉殿、凤凰殿、黄龙殿、寿安殿、竹殿、承风殿和东观。中轴线两侧的四排宫殿与中轴线平行，使中轴线上的建筑更加突出和威严。这南北五排建筑若按与中轴线直交的横向排列，又可分为八排。这样，每座宫殿建筑的前后左右都有直道与其他宫殿相通。因此俯视南宫地面，会看到一个格子形的布局，突出地表现了我国古代建筑规整、对称的艺术风格。却非门内的却非殿是南宫正殿，是东汉皇帝处理政事的地方。明帝永平年间，造崇德殿作为南宫正殿，取代了却非殿，直至东汉末年。明光殿在鸿德门内，东边紧靠却非殿，是尚书郎奏事的殿堂。东汉时专设尚书办事机构。中央政府设尚书令一人，掌管选举以及尚书仆射、尚书上奏之事。尚书仆射秩六百石。灵帝时分为左右仆射，帮助尚书令处理事务，尚书令不在时可代为上奏。尚书有 6 人，分别主管公卿、刺史、吏、外国及少数民族事务，下设左右丞相各一人，帮助他们工作。六曹有侍郎 36 人，每曹 6 人，令史 18 人。尚书令及其属员奏事，都在明光殿进行。嘉德殿在明光殿北靠后一点，殿前有嘉德门，是制订礼仪的殿堂。这里周时是九龙殿的旧址，九龙殿汉时已毁，只有九龙门还存在，九龙门这时是嘉德殿的正门。东汉的辟雍、明堂和灵台，都建于光武帝建武中元元年（56 年）。辟雍在开阳门外大路的东侧，平面呈方形，每边长 170 米，四面筑围墙。据记载，辟雍四面门外有水沟，其上架桥。洛阳城市人口在东汉中期在百万以上。由此可见，东汉洛阳不仅是全国政治、经济、文化中心，也是世界上最大最发达第一流的城市。也是世界上第一个人口超百万的超级大都市（在中国后来的时代，都城超百万人口是在隋代洛阳和唐代洛阳，唐代的长安城，宋代的开封，民国的南京）。

白马驮经

相传汉明帝夜间梦见一个金人，顶上有白光，在殿廷间飞行。第二天将此梦告诉朝臣，问他们是吉是凶。傅毅说，梦见的是佛。于是汉明帝派遣郎中蔡和博士弟子秦景等出使天竺，摹写浮屠的遗像。蔡等后来和天竺高僧迦叶摩腾和竺法兰回到洛阳。中国有佛教和跪拜的仪规是从这时开始的。蔡等又带回佛经四十二章和释迦牟尼的立像，明帝令画工绘制佛的图像，安放在清凉台和显节陵上，经藏在兰台石室。蔡等是用白马把佛经驮回洛阳的，明帝因此在洛阳城雍关之西，建了一座白马寺，迦叶摩腾和竺法兰后来都是在这座寺庙里圆寂的。

白马驮经故事的东汉使者和天竺僧侣，是东汉时期较早的丝绸之路商旅。

由于王莽改制，对西北的民族政策改变，引起了西域不满，丝路从而受阻。在东汉汉军队西征时窦固很赏识班超的军事才干，派他和从事郭恂一起出使西域。

班超出使西域

投笔从戎

班超（32—102 年），字仲升，扶风平陵（今陕西咸阳东北）人，东汉著名的军事家和外交家。

班超是著名史学家班彪的幼子，其长兄班固、妹妹班昭也是著名的史学家。班超为人有大志，不修细节。但内心孝敬恭谨，居家常亲事勤苦之役，不耻劳辱。他口齿辩给，博览群书，能够权衡轻重，审察事理。

汉明帝永平五年（62 年），班超的兄长班固被召入京中任校书郎，班超和母亲跟随着迁居洛阳。由于家境贫寒，班超替官府抄写文书，维持生计。班超每日伏案挥毫，常辍业投笔而叹："大丈夫无它志略，犹当效傅介子、张骞立功异域,以取封侯,安能久事笔研闲乎?"(《后汉书·班超列传》)旁人皆笑之。班超说:"小子安知壮士志哉!"(《后汉书·班超列传》)

于是,他就去找相者看相,相者说:"祭酒,布衣诸生耳,而当封侯万里之外。"(《后汉书·班超列传》)班超问其故,相者说:"生燕颔虎颈,飞而食肉,此万里侯相也。"(后汉书·班超列传》)

过了一段时间,明帝问班固:"卿弟安在?"班固说:"为官写书,受直以养老母。"(《后汉书·班超列传》)明帝于是任命班超为兰台令史,掌管奏章和文书。然而,没过多久,班超又因为小过失被免了职。

鄯善归汉

永平十六年(73年),奉车都尉窦固出兵攻打匈奴,班超随从北征,在军中任假司马(代理司马)之职。假司马官很小,但它是班超文墨生涯转向军旅生活的第一步。班超一到军旅之中,就显示了与众不同的才能。他率兵进击伊吾(今新疆哈密西四堡),战于蒲类海(今新疆巴里昆湖),小试牛刀,斩俘很多敌人。窦固很赏识他的军事才干,派他和从事郭恂一起出使西域。

经过短暂而认真的准备之后,班超就和郭恂率领三十六名部下向西域进发。班超先到鄯善(今新疆罗布泊西南)。鄯善王对班超等人先是嘘寒问暖,礼敬备至,后突然改变态度,变得疏懒冷淡了。班超凭着自己的敏感,估计必有原因。他对部下说:"宁觉广礼意薄乎?此必有北虏使来,狐疑未知所从故也。明者睹未萌,况已著邪。"(《后汉书·班超列传》)

于是,班超便把接待他们的鄯善侍者找来,出其不意地问他:"匈奴使来数日,今安在乎?"(《后汉书·班超列传》)侍者出乎意料,仓促间难以置词,只好把情况照实说了。班超把侍者关押起来,以防泄露消息。接着，立即召集部下 36 人，饮酒高会。饮到酣处，班超故意设辞激怒大家："卿曹与我俱在绝域，欲立大功，以求富贵。今虏使到才数日，而王广礼敬即废；如令鄯善收吾属送匈奴，骸骨长为豺狼食矣。为之奈何？"众人都说："今在危亡之地，死生从司马。"班超说："不入虎穴，不得虎子。当今之计，独有因夜以火攻虏，使彼不知我多少，必大震怖，可殄尽也。灭此虏，则鄯善破胆，功成事立矣。"有部下说："当与从事议之。"班超大怒，说："吉凶决于今日。从事文俗吏，闻此必恐而谋泄，死无所名，非壮士也！"（《后汉书·班超列传》）部下一致称是。

这天天刚黑，班超率领将士直奔匈奴使者驻地。时天刮大风，班超命令 10 个人拿着鼓藏在敌人驻地之后，约好一见火起，就猛敲战鼓，大声呐喊。并命令其他人拿着刀枪弓弩埋伏在门两边。安排已毕，班超顺风纵火，一时，36 人前后鼓噪，声势喧天。匈奴人乱作一团，逃遁无门。班超亲手搏杀了 3 个匈奴人，他的部下也杀死了 30 多人，其余的匈奴人都葬身火海。

第二天，班超将此事报知郭恂。郭恂先是吃惊，接着脸上出现了不平之色。班超知道他心存嫉妒，便抬起手来对他说："掾虽不行，班超何心独擅之乎？"（《后汉书·班超列传》）郭恂喜动颜色。班超于是请来了鄯善王，把匈奴使者的首级给他看，鄯善王大惊失色，举国震恐。班超好言抚慰，晓之以理，鄯善王表示愿意归附汉朝，并且同意把王子送到汉朝作质子。

班超完成使命，率众回都，把情况向窦固做了汇报。窦固大喜，上表奏明班超出使经过和所取得的成就，并请皇帝选派使者再度出使西域。皇帝很欣赏班超的勇敢和韬略，认为他是难得的人才，对窦固说："吏如班超，何故不遣而更选乎？今以超为军司马，令遂前功。"（《后汉

书·班超列传》)窦固认为班超手下的人太少，想给他再增加一些。班超
却说："愿将本所从三十余人足矣。如有不虞，多益为累。"(《后汉书·
班超列传》)

于阗归附

班超等人向西域进发，不久，到了于阗(今新疆和田)。当时，于阗
王广德新近攻破莎车(今新疆莎车)，在南道雄帜高张，匈奴人派使者驻
在于阗，名为监护其国，实际上掌握着该国的大权。班超到于阗后，于
阗王对他不修礼貌，颇为冷淡。于阗巫风炽盛，巫者对于阗王说："神
怒何故欲向汉？汉使有骝马，急求取以祠我。"(《后汉书·班超列传》)
于阗王派人向班超讨要那匹马，班超早已清楚事情原委，痛快地答应
了。但是提出要神巫自己来牵。等到神巫到来，班超不由分说，将他杀
死，把首级送还于阗王，晓以利害，责以道义。于阗王早就听说过班超
在鄯善国诛杀匈奴使者的作为，颇为惶恐，当即下令杀死匈奴使者，归
附汉王朝。班超重赏了于阗国王及其臣子们。

平定疏勒

当时，匈奴人扶立的龟兹(今新疆库车县城东郊)国王倚仗匈奴的势
力在北道肆行无忌，派兵攻破疏勒(今新疆喀什市)国，杀死国王，另立
龟兹人兜题为疏勒王，疏勒国实际掌握在龟兹人手中。第二年春，班超
带手下人从小道向疏勒国进发。班超行至兜题居住的架橐城九十里的地
方，派手下吏员田虑去招降兜题。班超指示说："兜题本非疏勒种，国
人必不用命。若不即降，便可执之。"(后汉书·班超列传》)田虑只身来见
兜题。兜题见田虑势单力孤，根本没有投降的意思。田虑乘其不备，抢
上去劫持了他。变起突然，兜提手下的人惊惧奔走。田虑乘马疾驰，到
班超处复命。班超当即来到架橐城。他把疏勒文武官员全部集中起来，
向他们陈说龟兹种种不合理的行径，宣布另立原来被杀掉的疏勒国君的

侄儿叫"忠"的当国王。疏勒人大悦。新王和一班官员要杀死兜题,但班超从大局出发,为了宣示汉王朝的威德信义,说服大家,释放了兜题。疏勒平定。

至此,班超两次出使,凭借智勇,已先后使鄯善、于阗、疏勒三个王国恢复了与汉朝的友好关系。

违抗帝旨

公元75年,汉明帝去世,焉耆(今新疆焉耆回族自治县)国乘汉王朝大丧的机会,围攻西域都护,杀死了都护陈睦。班超孤立无援,而龟兹、姑墨(今新疆温宿、阿克苏一带)等国也屡屡发兵,进攻疏勒。班超跟疏勒王忠互为犄角,首尾呼应,拒守架橐城。虽然势单力孤,但仍拒守了一年多。

公元76年,汉章帝即位,朝廷认为陈睦已死,担心班超独处边陲,难以支持,下诏命班超回国。班超受命将归,疏勒举国忧恐。都尉黎弇说:"汉使弃我,我必复为龟兹所灭耳。诚不忍见汉使去。"(《后汉书·班超列传》)说罢,拔刀自刎而死。班超率部至于阗,于阗国王侯百姓都放声大哭,他们说:"依汉使如父母,诚不可去。"(《后汉书·班超列传》)不少人还抱住班超的马腿苦苦挽留。班超见状,自知于阗父老决不会让他东回,而他也想留在这里,完成他立功异域的宏愿,便毅然决定,不回汉朝,重返疏勒。疏勒有两座城在班超走后,已经重新归降了龟兹,并且与尉头国(今新疆阿合奇)联合起来,图为大乱。班超捕捉反叛首领,击破尉头国,杀600余人,使疏勒复安。

汉章帝建初三年(78年),班超率疏勒等国士兵10000多人,进攻姑墨,并将其攻破,斩首700级,孤立了龟兹。

平定西域

建初五年(80年),班超上书给章帝,分析西域各国形势及自己的处境，提出了要趁机平定西域各国的主张。

书曰："臣窃见先帝欲开西域，故北击匈奴，西使外国，鄯善、于阗实时向化。今拘弥、莎车、疏勒、月氏、乌孙、康居复愿归附，欲共并力破灭龟兹，平通汉道。若得龟兹，则西域未服者百分之一耳。臣伏自惟念，卒伍小吏，实愿从谷吉效命绝域，庶几张骞弃身旷野。昔魏绛列国大夫，尚能和辑诸戎，况臣奉大汉之威，而无铅刀一割之用乎？前世议者皆曰取三十六国，号为断匈奴右臂。今西域诸国，自日之所入，莫不向化，大小欣欣，贡奉不绝，唯焉耆、龟兹独未服从。臣前与官属三十六人奉使绝域，备遭艰厄。自孤守疏勒，于今五载，胡夷情数，臣颇识之。问其城郭小大，皆言'倚汉与依天等'。以是效之，则鳏领可通，鳏领通则龟兹可伐。今宜拜龟兹侍子白霸为其国王，以步骑数百送之，与诸国连兵，岁月之闲，龟兹可禽。以夷狄攻夷狄，计之善者也。臣见莎车、疏勒田地肥广，草牧饶衍，不比敦煌，鄯善闲也，兵可不费中国而彻食自足。且姑墨、温宿（今新疆乌什）二王，特为龟兹所置，既非其种，更相厌苦，其执必有降反。若二国来降，则龟兹自破。愿下臣章，参考行事。诚有万分，死复何恨。臣超区区，特蒙神灵，窃冀未便僵仆，目见西域平定，陛下举万年之觞，荐勋祖庙，布大喜于天下。"（《后汉书·班超列传》）班超在书中首次提出了"以夷制夷"的策略。

汉章帝览表，知班超功业可成，非常满意，准备增加班超的力量。平陵人徐干与班超志同道合，请求奋身异域，辅佐班超。朝廷当即任命他为代理司马，派他带领 1000 人去增援班超。

起初，莎车以为汉兵不会来，于是降于龟兹，疏勒都尉番辰也随之反叛。正好徐干到达疏勒，班超与徐干一起，杀掉了番辰，斩首千余级，平息了叛乱。班超攻破番辰之后，想进军龟兹。当时，乌孙国兵力强盛，班超认为该借助它的力量，于是上书："乌孙大国，控弦十万，故武帝妻以公主，至孝宣皇帝，卒得其用。今可遣使招慰，与共合力。"（《后汉书·班超列传》）章帝采纳了他的建议。

建初八年（83年），拜班超为将兵长史，假鼓吹幢麾。升任徐干为军司马，另外派遣卫侯李邑护送乌孙使者，赐大小昆弥以下锦帛。

李邑走到于阗，正赶上龟兹进攻疏勒，吓得不敢再向前行。为了掩饰自己的怯懦，他上书给朝廷，说西域之事劳而无功，又说班超"拥爱妻，抱爱子，安乐外国，无内顾心"（《后汉书·班超列传》）。班超闻之，叹息不已："身非曾参而有三至之谗，恐见疑于当时矣。"（《后汉书·班超列传》）于是，毅然让妻子离开了自己。汉章帝深知班超公忠体国，下诏书切责李邑，诏书中说："纵超拥爱妻，抱爱子，思归之士千余人，何能尽与超同心乎？"（《后汉书·班超列传》）还命李邑接受班超的管辖调度，说让班超根据情况决定是否让李邑留在西域。

班超当即让李邑带着乌孙侍子回京。徐干劝班超："邑前亲毁君，欲败西域，今何不缘诏书留之，更遣它吏送侍子乎？" 班超说："是何言之陋也！以邑毁超，故今遣之。内省不疚，何恤人言！快意留之，非忠臣也。"（《后汉书·班超列传》）

第二年，汉王朝又派和恭为代理司马，率兵800，增援班超。班超准备调集疏勒、于阗的兵马进攻莎车。莎车派人跟疏勒王忠私下联系，用重礼贿赂他，忠背叛班超，发动叛乱，占据乌即城。班超改立府丞成大为疏勒王，调集兵力攻忠，康居（今巴尔喀什湖和咸海之间）国派精兵助忠。班超久攻不下。当时，月氏刚和康居通婚，班超派人给月氏王送了厚礼，让他对康居王晓以利害，康居王罢兵，把忠也带了回去，乌即城复归。

过了三年，忠从康居王那里借了一些兵马，住在损中，与龟兹勾结密谋，派人向班超诈降，班超洞见其奸，将计就计，答应他投降。忠大喜，便轻装简从来见班超。班超具食与乐，酒宴中，命人斩杀忠，并进军击败其兵众，南道遂通。

第二年（89年），班超调发于阗等国士兵20000多人，再攻莎车。龟兹王发遣左将军发温宿、姑墨、尉头合兵五万救援莎车。敌强我弱，班超决定运用调虎离山之计。他召集将校和于阗国王，商议军情。他故意装出胆怯的样子说："今兵少不敌，其计莫若各散去。于寘从是而东，长史亦于此西归，可须夜鼓声而发。"《后汉书·班超列传》）班超偷偷嘱托人故意放松对龟兹俘虏的看管，让他们逃回去报信。龟兹王闻之大喜，自己率万骑在西边截杀班超，派温宿王率领8000人在东边阻击于阗。班超侦知他们已经出兵，迅速命令诸部齐发，鸡鸣时分，直扑莎车大本营。营中无备，军士奔逃，班超追斩5000余级，大获其马畜财物。莎车国只好投降，龟兹王等也只好散去。班超由此威震西域。

当初，大月氏（今阿富汗境内）国曾经帮助汉朝进攻车师有功。公元87年，国王派遣使者，来到班超驻地，向汉朝进贡珍宝、狮子等物，提出要娶汉朝公主为妻。班超拒绝了这个要求，大月氏王由是怨恨。

永元二年（90年）夏，大月氏副王谢率兵70000，东越葱岭（今帕米尔高原和昆仑山脉西段、喀剌昆仑山脉东南段），攻打班超。班超兵少，大家都很恐慌。班超却说："月氏兵虽多，然数千里逾鳇领来，非有运输，何足忧邪？但当收谷坚守，彼饥穷自降，不过数十日决矣。"（《后汉书·班超列传》）大月氏副王谢进攻班超，无法攻克，抢掠粮草，又无所得，果然疲惫不堪。班超估计其粮草将尽，必派人到龟兹求救，预先命几百士兵在东边埋伏，谢果然派兵带金银珠宝去龟兹求援。班超伏兵大出，杀死了使者，并派人拿给谢看。谢大惊，进退无据，只好遣使向班超请罪，希望能放他们一条生路，班超放他们回国，大月氏由是大震，与汉朝和好如初。

第二年，龟兹、姑墨、温宿等国皆降。朝廷任命班超为都护，徐干为长史，拜白霸为龟兹王，派司马姚光来送他。班超和姚光命龟兹废掉原来的国王尤里多，扶立白霸。姚光把尤里多带回了京师。

于是，班超驻扎在龟兹它乾城。此时，西域诸国，只剩焉耆、危须（今新疆焉耆东北）、尉犁（今新疆库尔勒东北）三国，因为曾杀害西域都护陈睦，心怀恐惧，尚未归汉。其余各国，均已平定。

汉和帝永元六年（94年）秋，班超调发龟兹、鄯善等八国的部队七万人，进攻焉耆、危须、尉犁。大军行到尉犁地方，班超派使者通告三国国王："都护来者，欲镇抚三国。即欲改过向善，宜遣大人来迎，当赏赐王侯已下，事毕即还。今赐王彩五百匹。"（《后汉书•班超列传》）

焉耆王广便派左将北鞬支送来牛酒，迎接班超。班超指责他说："汝虽匈奴侍子，而今秉国之权。都护自来，王不以时迎，皆汝罪也。"班超手下的人劝他杀了北鞬支，班超不同意，他说："非汝所及。此人权重于王，今未入其国而杀之，遂令自疑，设备守险，岂得到其城下哉！"（《后汉书•班超列传》）于是班超送给北鞬支不少礼物，放他回国。焉耆王广见北鞬支无事，就亲率高官在尉犁迎接班超，奉献礼物。不过，他并非真想让班超进入他的国境。他一从班超那里返回，立即下令拆掉了国境山口的围桥。班超却从别的道路进入其国，在距王城20里的地方驻扎部队。焉耆王见班超突然到来，出于意外，大惊，想逃入山中顽抗。焉耆国左侯元孟，过去曾入质京师，悄悄派使者向班超报信。班超为了稳定焉耆国贵族，斩杀了元孟的使者。班超定下时间宴请三国国王及大臣，声言届时将厚加赏赐。焉耆王广、尉犁王泛及北鞬支等30多人信以为真，一起到会。焉耆国相腹久等17人害怕被杀，逃跑了，危须王也没有来。

宴会开始，大家坐定，班超突然变了脸色，责问焉耆王等"危须王为何不到？腹久等为何逃亡？"（《后汉书·班超列传》）喝令武士把广、泛等一举捉获，并在当年陈睦所驻的故城，把他们全部斩杀，传首京师。又纵兵抢掠，斩首5000余级，获15000人，马畜牛羊30余万头。接着班超另立元孟为焉耆国王，为稳定局势，班超在那里停留了半年。

至此，西域50多个国家都归附了汉王朝，班超终于实现了立功异域的理想。

丝绸之路再度开放

和帝永元七年（95年），朝廷下诏曰："往者匈奴独擅西域，寇盗河西，永平之末，城门昼闭。先帝深愍边萌婴罗寇害，乃命将帅击右地，破白山，临蒲类，取车师，城郭诸国震慑响应，遂开西域，置都护。而焉耆王舜、舜子忠独谋悖逆，持其险隘，覆没都护，并及吏士。先帝重元元之命，惮兵役之兴，故使军司马班超安集于寘以西。超遂逾葱领，迄县度，出入二十二年，莫不宾从。改立其王，而绥其人。不动中国，不烦戎士，得远夷之和，同异俗之心，而致天诛，蠲宿耻，以报将士之雠。司马法曰：'赏不逾月，欲人速睹为善之利也。'其封超为定远侯，邑千户。"（《后汉书·班超列传》）后人称之为"班定远"，使丝绸之路再度开放，最后完成了统一西域的宏伟大业。

公元97年，

班超出使西域

班超派甘英出使大秦(罗马帝国)。甘英西经条支（今伊拉克）、安息(今伊朗)诸国，至安息西界（波斯湾），没能继续前进。但甘英为打通欧、亚交通做出了重要贡献。

甘英出使大秦

东汉和帝永元九年（97 年)班超经略西域大获成功之时派遣甘英出使大秦的外交活动，是古代中西关系史上的重大事件之一，对中国人域外知识的扩展有重要影响。《后汉书·西域传》对此有明确的记载："和帝永元九年，都护班超遣甘英使大秦。抵条支。临大海欲度，而安息西界船人谓英曰：'海水广大，往来者逢善风，三月乃得度。若遇迟风，亦有二岁者，故入海者皆赍三岁粮。海中善使人思土恋慕，数有死亡者。'英闻之乃止。"

甘英没有完成出使大秦的使命，主观上与他本人的素质有关，即作为陆上将领，甘英对海洋怀有本能的恐惧感，这种恐惧感是未曾经历海上航海生活的人所共有的。甘英虽然没有渡海前往大秦，但他仍然是汉朝使者中走得最远的人。他所了解到的关于大秦的信息，也丰富了汉人对远西国家的知识。

东汉纸的发明和改造

纸未发明以前，我国使用的书写材料，主要有甲骨、简牍和缣帛等。

甲骨的来源有限，刻字、携带、保管都不方便，人们用的愈来愈少。

简有竹简、木简之分；牍有竹牍、木牍之别，因南方多竹，北方杨树、柳树较丰之故。简是狭长形的，宽度比较一致，长短却随时期而不同，春秋战国时期的简最长的是二尺四寸(当时的一尺约合今 23 厘米)，汉初的简最长的是二尺。牍的面积比简大，能多写几行字，常用于下命令、发公文、画地图等。古时书信所用牍常为一尺，所以就把信件叫作"尺牍"。由于一枚简只能写很少字，一篇文章要用许多简，人们就把简串起来使用，叫"策"或"册"。"册"就是绳连竹简的意思。这时，已经有了笔墨，记事方法较刻骨大有进步，但那简牍的分量却也不轻，使用起来仍然不便。当时，人们出门求学或讲学，要背一口袋竹片或木片，携带着笔、墨，腰中插把小刀用来修简，或刮去错字。学问大的更是以马驮车载木片竹片了。

缣帛是蚕丝制成的丝织品，虽然书写、携带都很方便，但量少价贵，难以形成大气候。

蔡伦造纸

蔡伦是桂阳（今湖南耒阳县）人，于东汉明帝刘庄永平十八年(75年)，进京城洛阳的皇宫里当了太监，章帝刘炟、和帝刘肇时，升为"小黄门""中常侍"，后又兼任"尚方令"。他先是掌管皇宫内院事务，后来成为监制各种御用器物的皇家工场的负责人。

平时，蔡伦看皇上每日批阅大量简牍帛书，劳神费力，就时时想着能制造一种更简便廉价的书写材料，让天下的文书都变得轻便，易于使用。

传说，有一天，蔡伦带着几名小太监出城游玩，来到了离城（指汉魏故城，今白马寺东南一带)不远的缑氏县陈河谷，也就是凤凰谷（今玄奘故里一带）。只见溪水清澈，两岸树茂草丰、鸟语花香，景色十分宜人。正赏景间，蔡伦忽见溪水中积聚了一簇枯枝，上面挂浮着一层薄薄的白色絮状物，不由眼睛一亮，蹲下身去，用树枝挑起细看。只见这东西扯扯挂挂，犹如丝绵。

蔡伦想到工场里制作丝绵时，茧丝漂洗完后，总有一些残絮遗留在篾席上。篾席晾干后，那上面就附着一层由残絮交织成的薄片，揭下来，写字十分方便。蔡伦忽然想，溪中这东西和那残絮十分相似，也不知是什么物件。

他立即命小太监找来河旁农夫询问。农夫说："这是涨河时冲下来的树皮、烂麻，扭一块儿了，又冲又泡，又沤又晒，就成了这烂絮！"

"这是什么树皮？"蔡伦急切地问。

"那不，岸上的构树呗（学名楮树）！"

蔡伦望去，满眼绿色，脸上漾起笑意。

几天后，蔡伦率领几名皇室作坊中的技工来到这里，利用丰富的水源和树木，开始了试制。剥树皮、捣碎、泡烂，再加入沤松的麻缕，制成稀浆，用竹篾捞出薄薄一层晾干，揭下，便造出了最初的纸。但一试用，发现容易破烂，又将破布、烂鱼网捣碎，将制丝时遗留的残絮，掺进浆中，再制成的纸便不容易扯破了。为了加快制纸进度，蔡伦又指挥大家盖起了烘焙房，湿纸上墙烘干，不仅干得快，且纸张平整，大家心里乐开了花。

蔡伦挑选出规正的纸张，进献给和帝。和帝试用后龙颜大悦，当天就驾幸陈河谷造纸作坊，查看了造纸过程，回宫后重赏蔡伦，并诏告天下，推广造纸技术。

后来，元初元年（114年），邓太后见蔡伦的纸越造越好，能厚能薄，质细有韧性，兼有简牍价廉、缣帛平滑的优点，而无竹木笨重、丝帛昂贵的缺点，真是利国利民，便高兴地封蔡伦为"龙亭侯"，赐地300户，不久又加封为"长乐太仆"。人们把这种新的书写材料称作"蔡侯纸"。

"蔡侯纸"名声大了，造纸的地方自然也有了名气，人们便把马涧河的这一段称作了"造纸河"。

左伯纸

在蔡伦以后，别人又不断把他的方法加以改进。蔡伦死后大约 80 年（东汉末年），又出了一位造纸能手，名叫左伯。他造出来的纸厚薄均匀，质地细密，色泽鲜明。当时人们称这种纸为"左伯纸"。可惜历史上没有把左伯所用的原料和制造方法记载下来。

"丝绸之路"开通以后，汉帝国的丝绸大量远销西方，在罗马帝国成为贵族豪富们普遍爱用的衣服和帘幕材料。此外，中国的铁器、漆器等也输入西方。罗马帝国的玻璃器皿、毛织品，印度的宝石、香料等也通过"丝绸之路"输入汉帝国。此外，佛教也经由这一大道，在两汉之际传入中国，同时传入的还有犍陀罗艺术风格。

佛教东进

在佛教的宇宙结构论中，我国被称为"东胜神洲"，这里富庶而欲海茫茫，是印度僧侣梦寐以求的传法之地。于是，"白马"驮着经像，顺着"丝绸之路"走来了。这一支古老宗教在唐代走向巅峰，实现了判教分宗，并在传承中与本土的儒、道思想相融合，最终完成了"中国化"的全过程。

历尽风霜到东土

佛教东传始于东汉中期。据《后汉书》记载，东汉明帝一天夜里梦见一位遍体发着金光的神人从天而降。第二天便召集大臣询问，博学的大臣博毅回答说："听说西城有神，名叫'佛'。陛下梦见的一定是他了。"明帝立即派官员蔡愔等人由丝绸之路前往天竺，寻访佛法。途中，蔡愔一行遇见了两位由天竺来我国传教的僧人摄摩腾和竺法兰。在蔡愔的邀请下，二位高僧用白马驮着佛像和《四十二章经》，与蔡愔等人一同来到东汉的都城洛阳。明帝下令为他们修建一座寺院，为纪念白马驮经，取名"白马寺"。从此，佛教东传的历史便翻开了第一页，洛阳有了佛教第一祖庭——白马寺。摄摩腾和竺法兰长住寺中直到逝世，把佛经译成了中文。这座著名的古寺至今仍屹立在洛阳东郊，寺门外立着白马石雕，寺内摄摩腾、竺法兰两位传教高僧的墓前松柏常青。

最早自西向东，行进在古丝绸之路上的僧人中，比较著名的还有安世高、佛图澄、鸠摩罗什等人。据《高僧传》记载，安世高是安息国（亚洲西部的古国）的王子，因信奉佛教，厌弃宫廷尘世，一生以游历和传教为业。东汉桓帝时，他由中亚沿丝绸之路来到东汉的都城洛阳定居，从事佛经翻译，20 余年间共翻译佛经 30 余部，可谓有开创之功。佛教在我国的传播，与安世高在洛阳译经有直接关系。他为中印宗教文化交流付出了巨大努力，受到后世信众的尊敬。

佛图澄是来自西域龟兹（今新疆库车县）的僧人，也有的史书说他是天竺人。他在西晋 （265—315 年）末年，由西域来到洛阳。不久，洛阳城内战乱爆发，他便投靠到羯族首领石勒门下。佛图澄为人精明，又擅长幻术，凶猛剽悍的石勒认为他有大法术。佛图澄凭着灵敏的政治嗅觉和判断力，为石勒预言了几次战事，都很灵验。石勒非常佩服他，尊称佛图澄为"大和尚"。和尚的称呼，就是从这时开始的。

一代名僧鸠摩罗什

鸠摩罗什是早期佛教东传时的一位伟大的佛学家、思想家和翻译家。

鸠摩罗什祖籍天竺，其祖上世代在天竺为官，是古印度婆罗门家族的权贵阶层，祖父达多是当时天竺国的宰相。其父鸠摩罗炎是一位学识渊博的佛教徒，不愿继承相位，离家出走，越过葱岭（今帕米尔高原），来到西域的龟兹国。因龟兹王是一位虔诚的佛教信徒，就迎请鸠摩罗炎为国师，讲经传教，并把自己的妹妹许配给鸠摩罗炎为妻，生下了鸠摩

罗什。鸠摩罗什 7 岁即出家，博览佛
经，20 岁就成为龟兹国远近闻名的学
者。西域诸王轮流请鸠摩罗什去讲经，
每次大会，诸王都长跪宝座两侧，听鸠
摩罗什侃侃而谈。这位高僧的渊博学问
和雄辩的口才，使听者如痴如醉，心悦
诚服，他的名声也因此越来越大。

高僧鸠摩罗什雕塑

当时统治关中的前秦君主苻坚听说
鸠摩罗什的大名，有心要迎他前去传
教，就派大将吕光率领 70000 大军，于
前秦建元十八年（382 年）西征龟兹。次
年，吕光攻破了龟兹，满载掳获的珍宝
和鸠摩罗什东还。

但是，吕光父子对佛教并不关心，鸠摩罗什在他那里无所作为，只
好终日钻研经典和汉文。后秦君主姚苌占据关中后，有意请鸠摩罗什去
长安。吕光恐怕鸠摩罗什辅佐姚苌，对自己不利，坚决不放鸠摩罗什。
直到后秦弘始三年（401 年），后秦君主姚兴派遣大军西征后凉，灭掉吕
氏政权，鸠摩罗什才被送往长安。姚兴隆重地欢迎鸠摩罗什的到来，尊
他为国师，让他在长安西明阁和逍遥园专心译经。鸠摩罗什晚年在草堂
寺（位于今陕西户县）传教，受业僧徒达 3000 人之多，足见规模之盛。
413 年，鸠摩罗什在长安病逝，之后按印度风俗进行火化，骨灰藏于草
堂寺。

鸠摩罗什是一位严谨勤奋的高僧，精通梵文和汉文。在长安的 14
年中，他共翻译了印度佛经 98 部，计 425 卷。此前由于语言文字的障
碍，佛经的翻译大多是节选或意译，鸠摩罗什凭着渊博的佛学知识，把

印度佛经中的重要经典准确地译为中文。鸠摩罗什所翻译的佛典，对佛教在我国的传播，特别是对汉传佛教宗派理论的形成具有划时代的意义。他译介的"三论"，是三论宗依据的基本经典；他翻译的《妙法莲华经》，是天台宗赖以创宗的奠基理论；而《金刚经》等，则直接影响了禅宗的形成。鸠摩罗什的翻译工作不仅传播了佛教经典，而且还大大提高了中国学者的梵文水平。

佛教影响经济

佛教中国化，完善了中国统治体系，提高了经济效率。佛教的中国化，与中国的儒家思想进行了融合，使中国的统治阶级有了更加多元化的统治思想，与中国国情结合，使民众更加顺受。使得任何活动都有了更高的执行力度，提高了经济活动的效率。

佛教中国化促进了其相关文化、经济活动。佛教的中国化，对中国的建筑、雕塑、绘画、文学、音乐等多方面有着深刻的影响。比如云冈石窟、龙门石窟、麦积山石窟、广元千佛崖造像等等，刺激了旅游业、建筑业，间接地对其他产业产生了积极的促进作用。

佛教中国化稳定社会环境，有利于经济发展。佛教宣扬："不杀生、不偷盗、不淫邪、不妄语、不饮酒"等戒条，对于教徒有很大的约束力和社会效益。这种道德观念，在一定程度上使社会环境更趋于稳定，从而各种商业活动、生产活动能够顺利地进行。

罗马使者到来

罗马商团

2000多年前，古罗马纺织技术非常发达，那些用亚麻织造的麻衣，轻柔透明，风靡贵族阶级。然而，当中国的丝绸远涉重洋到达中亚、西亚和欧洲各国时，一下子就成为贵族们视玉如命般的向往，成为当时最受欢迎的奢侈品，立即风靡了罗马的上层社会，让罗马人如同吸食了鸦片一样，谁也不再愿意脱下华丽的丝绸服饰。

那时的"made in china"比起今天工业化生产的 iphone 更有着令人难以想象的创意和新潮。当货物运至君士坦丁堡之后，原本普通的中国丝绸，价格数以百计地向上翻倍。如同今天中国人熟知的 LV 包一样，中国丝绸成为当时西方世界不折不扣的奢侈品。直到历史翻到马可•波罗时代，欧洲人仍然把丝绸看作是和黄金一样可以流通与升值的"硬通货"。古罗马市场上丝绸的价格，曾一度飙升至每磅 12 两黄金的天价。中国丝绸的大量入境，造成罗马帝国贸易逆差的迅速扩大，致使罗马每年支付进口中国丝绸的货款竟然高达 10 万盎司黄金。到了罗马后期，由于国库枯竭，财政极度困难，就连凯撒大帝身穿中国丝绸衣服出席宫廷宴会时，都被认为太奢侈了，从而引来大臣们的反对声。黄金的大量外流，甚至迫使罗马帝国制定法令去禁止人们穿着丝绸。但是，罗马人仍然不愿脱下已经穿上身的中国丝绸服装。中国桑蚕史学家周匡明先生说："这样令人咋舌的高昂奇货，连当时的罗马奥利连皇帝(161—181年)也感到目击心伤，他为了防止大量黄金外流，曾带头不穿丝绢袍服，并禁止贵族穿戴丝织物；然而长期以来罗马社会已经奢侈成风，不仅无法禁止，且在上层贵族阶级流行开来了，到了公元三四世纪时，丝织物已成为全国上下崇尚的唯一的时髦服饰。"

特别令人匪夷所思的是，中国丝绸不仅在西方诱发了战争，甚至还在罗马军队与安息军队作战时，"帮助"了安息军队一把。在公元 1 世纪那场著名的卡尔莱战役中，罗马与安息两军在幼发拉底河流域鏖战正激，罗马军队强大的攻势已打乱了安息军队的阵脚。突然，安息人亮出了一幅幅巨大的军旗，霎时间，一大片颜色鲜艳夺目的军旗轮番挥舞，猎猎作响，将正午明晃晃的太阳光芒折射过去，刺得罗马人睁不开眼睛。罗马人以为这是天神下凡帮助安息人，顿时斗志丧失，慌乱中闭着眼睛成了安息人的刀下鬼或阶下囚，20000 余名罗马将士阵亡，10000余人被俘。

据西方史学家考证，那些鲜艳刺目的军旗，就是用中国丝绸制作的。这就是罗马人历史上失败得最惨的一次战役，他们不是被打败的，而是被从未见过的艳丽丝绸战旗吓败的。罗马人为此大为困惑，后来千方百计地了解到，这种光彩夺目的东西就是丝绸。一些西方学者认为，这些丝绸军旗，就是罗马人第一批见到的中国丝绸织物。

中国华丽的丝绸，从此以其神秘的力量令罗马人痴迷不已。后来，罗马也正是因为美丽的丝绸与中华文明发生了直接的紧密的联系。中国社会科学院考古所研究员、博导孟凡人先生说："自卡尔莱战役后，丝绸很快为罗马社会所熟悉，并成为罗马人梦寐以求的宝物。"

10 年后，罗马帝国的恺撒大帝在罗马的一次庆功会上，展示了他的一件战利品——一位凯旋的将军向皇帝献上的中国丝绸。丝绸展开后，所有的人都被惊得目瞪口呆，惊诧不已。这，也许是罗马人首次有机会这样近距离地接触丝绸，亲手轻拂这种滑软细腻的神秘织物。从此以后，罗马人一发不可收拾。仅仅只是几年之后，罗马人已经开始以穿戴丝绸为时髦。

我们从中外史籍中看到，轻软光亮、华丽无比的中国丝绸，受到欧洲人的热烈赞美和欢迎，被当作至宝。特别是埃及艳后克丽奥佩拉，对中国丝绸的喜好与追求更是非同一般。当时，为了节省珍贵的丝线，她把从中国辗转运抵埃及的丝绸，交由宫廷织工，先是将从中国买来的丝绸服装一件一件地拆开，再重新编织成服装或做成点缀服装的饰品。

俗话说：物以稀为贵。的确，越难得到的东西，越就显得金贵。对于西方国家，尤其是罗马帝国来说，由于中国丝绸的不可替代性，使得罗马帝国必须要做两件事，一是寻求中国丝绸的定价权；二是确保中国丝绸稳定的供应链。而当时，波斯以其独特的地理位置，垄断了中国丝绸的贸易，再由波斯商人转手销往罗马。

在缺少贵金属的古代，丝绸有着硬通货的功效，因此，为那薄薄丝绸而兵戎相见，几乎成为人们最原始的本能。罗马人为了买到更便宜的丝绸，就去联合埃塞俄比亚人，计划绕过高价垄断经营的波斯，从海上去印度购买中国丝绸，然后东运罗马。然而，这个绝密行动被泄露，得到情报的波斯人，使用武力威胁埃塞俄比亚退出与罗马人的交易。无奈的罗马人，只好请与波斯近邻的突厥可汗帮忙调解。然而，面对巨大的经济利益，波斯人断不会放弃自己垄断的权力。

据亨利玉尔的《古代中国见闻录》记载，公元6世纪，突厥派出了一个由粟特人组成的使团到达波斯，打算与波斯进行一场谋求能够允许其商队在波斯境内自由通过的谈判。然而，波斯为了独占中西丝绸贸易之利，不但不答应使团提出的要求，还将粟特商人在波斯收购来并准备贩运到罗马的丝绢统统烧毁，以表示波斯不同突厥人就此问题进行谈判的坚决态度。突厥不愿放弃，又派出第二个使团，波斯人立即采取断然措施，公然制造了将大部分使团成员毒害致死的惨剧，导致双方矛盾迅速激化。

和平谈判已经破裂，战争的阴云笼罩天空。谈判桌上不能解决的问题，只能靠肌肉和拳头去实现。东罗马帝国联合突厥可汗，于公元571年出兵征讨波斯。

这一仗，双方打了整整20年。

……

远在意大利旅行家马可波罗1275年抵达元上都之前1000多年，曾有一个罗马商团经丝绸之路沙漠路线来到黄河流域，惊动了东汉洛阳宫廷。这是欧洲与中国有据可考的首次直接交往。

范晔的《后汉书》和古罗马推罗城地理学家马林（Marinus of Tyre）的《地理学导论》，都著录了古罗马人这次神秘的中国之行。《后汉书》的记述极其简略，《地理学导论》记载较详细。

商队自幼发拉底河口，经美索不达米亚、米地亚、爱克巴塔那（阿蛮）、帕提亚（安息）、赫克桐及罗斯（和椟），马嘉那、安梯俄齐亚（木鹿）、巴克特拉（大夏）、石塔，进入中国。

海路罗马使者到来

罗马使者东来的航路，遵循着以南印度洋为枢纽的海上丝绸之路，从此，罗马货物通过海路直运南中国的越来越多。据 240 年左右写成的《魏略》，罗马世界的物产，即亚历山大（今埃及）东方贸易的货单，可归成金属制品、珍禽异兽、珠宝、织物、玻璃、香药 6 大类，共 83 项，这些货物正是罗马世界向中国的输出品。罗马不仅成批输出货物进中国，也大量进口中国货，主要为：衣料、皮货和铁器。

罗马直通中国，是丝绸之路的终极目标，丝绸之路在时断时续的延绵之中，一次次从没落走向繁荣，又从繁荣走向没落，这条联系亚欧非的大商道，就像一朵奇葩，一次次凋零，又一次次更加美丽地盛开。

由陶到瓷，中国对世界的巨大贡献

陶器不是中国独特的发明，考古发现证明，世界上许多国家和地区相继发明了制陶术，但是，中国在制陶术的基础上又前进了一大步——最早发明了瓷器，在人类文明史上写下了光辉的一页。瓷器和陶器虽然是两种不同的物质，但是两者间存在着密切的联系。如果没有制陶术的发明及陶器制作技术不断改进所取得的经验，瓷器是不可能单独发明的。瓷器的发明是我们的祖先在长期制陶过程中，不断认识原材料的性能，总结烧成技术，积累丰富经验，从而产生量变到质变的结果。

陶器和瓷器的主要区别表现在：(1)陶器的胎料是普通的黏土，瓷器的胎料则是瓷土，即高岭土（因最早发现于江西景德镇东乡高岭村而行名）；(2)陶胎含铁量一般在3%以上，瓷胎含铁量一般在3%以下；(3)陶器的烧成温度一般在900℃左右，瓷器则需要1300℃的高温才能烧成；(4)陶器多不施釉或施低温釉，瓷器则多施釉；(5)陶器胎质粗疏，断面吸水率高。瓷器经过高温焙烧，胎质坚固致密，断面基本不吸水，敲击时会发出铿锵的金属声响。除以上所举，陶与瓷的不同之处还表现在：陶器的发明并不是某一个国家或某一地区的先民的专门发明，它为人类所共有。只要具备了足够的条件，任何一个农业部落、人群都有可能制作出陶器。而瓷器则不同，它是我国独特的创造发明，尔后通过海路和陆路大量输出到海外，才使制瓷技术在世界范围得到遍及。因此，瓷器是我国对世界文明的伟大贡献之一。

白瓷的出现

白瓷是中国传统瓷器分类(青瓷、青花瓷、彩瓷、白瓷)的一种。以含铁量低的瓷坯，施以纯净的透明釉烧制而成。

汉族劳动人民制作瓷器的历史悠久，品种繁多。除了高贵典雅的青花和色彩艳丽的彩瓷外，素雅的白瓷也是人们喜爱的一个品种。湖南长沙东汉墓发现了早期白瓷。

德化白瓷

第四章　魏晋南北朝丝路商旅

　　正如《三国演义》开篇所说的"天下大势，合久必分，分久必合"一样，汉王朝一统江山的局面在东汉末年，被三国替代。

东汉分三国

　　从公元 220 年起，在我国历史上先后建立了魏、蜀、吴三个国家，它们三分东汉州郡之地，各霸一方，称王称霸，互相对峙，这种政治局面习称为"三国鼎立"。

　　魏、蜀、吴三国鼎立期间，虽然兼并战争仍旧继续进行，但是，由于三国的统治者为了巩固和发展自己的势力，都比较重视社会生产的发展和社会秩序的安定。比起东汉末年那种无数军阀割据的纷乱局面来，相对地说要好得多。实际上三国鼎立是中国遭受十几年大破坏以后逐渐恢复统一的一个过渡阶段，三国的统治者在本国内所采取的某些政治、经济措施，如曹操的屯田和九品中正制的推行；蜀汉诸葛亮的"西和诸戎，南抚夷越，外结孙权，内修政治"的策略；孙吴发展世家大族的统治政策等，客观上对全国的统一都起着有益的作用，它们的产生和存在都是合理的。

这其中贡献最大的当数曹操。无论军事还是文学，他都引领了这个时代的潮流。正是他的出现，使得原本复杂的三国局面变得更加异彩纷呈、扑朔迷离。

魏晋南北朝时期，中原战乱不已，独河西较安定，外商纷纷改在河西贸易。这一阶段，丝路上最活跃的商人是中亚粟特人。按中国史籍记载，这是个"善商贾好利，丈夫年二十去傍国，利所有无所不至"的民族。大约在公元4—6世纪，他们大批前往中国，在丝路沿线的西域和河西走廊一带定居下来，充当起了中西丝绸贸易的转运者，源源不断地把中国的丝绸输向波斯、印度和东罗马，获得了大量的利润。公元439年，北魏太武帝攻灭北凉时，就在北凉首都姑臧发现了好几千粟特商人。北魏统一中原后，西域商人纷纷东来，使北魏首都洛阳出现了商贾云集的景象。北魏政府为了接待这些商人，特在洛阳城外伊河和洛河之间设立了"四夷馆"。在这里定居的外国商人达万余家。"自葱岭以西，至于大秦，百国千城，莫不款附"。洛阳成了万商云集的国际商贸中心。

曹魏丝绸之路新北道的开通 (开通北道)

新北道开通的原因，是因为原北道的道路艰险。原北道(又叫中道、旧北道)，出敦煌西北的玉门关向西，过三陇沙 (今疏勒河西端沙漠，位于塔克拉玛干沙漠的东端，又叫库木塔格沙漠)北，穿过白龙堆(今罗布淖尔、罗布泊东北的盐基之地)，经楼兰古城(今罗布淖尔、罗布泊西北岸)，折向北至车师前国(今吐鲁番附近)，再转向西南，顺天山南路，再沿着孔雀河 (今新疆塔里木河下游的一条大支流)北岸径直向西而去，至疏勒(今新疆喀什)，逾越葱岭(今帕米尔高原)，出大宛、康居等，再到西亚等地。虽然这条旧北道的敦煌至天山东段的一段路程较短，但是出玉门关后，首先遇到的是白龙堆盐基，行程特别艰难困苦，以至于被后人称为鬼基。早在西汉末年，校尉徐普就曾建议开设一条丝绸之路新道，即丝绸之路出敦煌后，不经过三陇沙和白龙堆，径直向西北，经横坑，出五船北，经伊吾抵车师前部，再南至龟兹与原北道合；或经车师后国(今吉木萨尔县附近)，沿着天山北麓西达乌孙，再抵康居。尽管这条五船新道可避开白龙堆险恶，又可省去大约一半的路程，但是因遭车师后王姑句的反对而最终未能实现。直到三国曹魏时期，匈奴势力被削弱，伊吾正式设县，西晋时又设伊吾郡，才标志着汉匈出入西域的孔道伊吾在中原王朝的控制之下，于是徐普议开的五船新道便构成了丝绸之路新北道的东段："北道从伊吾，经蒲类海铁勒部，突厥可汗庭，度北流河水，至拂苏国，达于西海。"

曹丕代汉自立，迁都至洛阳，西晋仍以洛阳为首都。经过曹魏、西晋的建设，洛阳又成为北方乃至全国的政治、经济中心和著名的繁华都市，左思《三都赋•魏都赋》中有详细的描写。自永嘉之乱和十六国割据，洛阳再次残破。北魏平定中原，将首都自平城迁至洛阳，洛阳成为北中国的经济、政治和文化中心，并恢复了在中西交通中的重要地位。北魏末年，洛阳再次成为战乱的中心，并又一次失去其丝路起点的地位。曹魏、西晋和北魏都洛之时，洛阳都在发挥着丝路起点的重要作用。

曹魏政权通过河西走廊与西域保持着密切联系，洛阳作为首都是诸国使节往来和西域商胡东来贩贸的目的地。曹魏时中原地区的丝织业得到恢复，马钧在洛阳"思绫机之变"，改进丝织技术，提高了织绫效率，说明当时洛阳有官办的蚕桑丝织业，并且丝织技术高超灵巧。由于丝织业的发达，汉魏之际，洛阳"至有走卒奴婢被绮縠"。据左思《魏都赋》的描写，洛阳是各地包括丝织品在内的各种产品的集散地，城内"卫之稚质、邯郸丽步、赵之鸣瑟，真定之梨、故安之栗，醇酎中山、流湎千日，淇洹之笋、信都之枣，锦绣襄邑、罗绮朝歌、绵纩房子、缣緫清河"，后四者可谓其时四种名优丝织品，其产地在今河南、河北和山东。这个描写说明来自各地的名产充斥于洛阳市场。洛阳又是繁华的国际都会，据《傅子》记载，魏齐王芳时，"其民四方杂居，多豪门大族，商贾胡貊，天下四方会利之所聚"。在这里，中原地区的丝织品通过繁荣的对外贸易而流布四方。黄初三年（222年），"西域外夷，并款塞内附"，"是岁，西域遂通"。随后，"大月氏王波调，遣使奉献"。"西域重译献火浣布"。史载"魏兴，西域虽不能尽至，其大国龟兹、于阗、康居、乌孙、疏勒、月氏、鄯善、车师之属，无岁不奉朝贡，略如汉氏故事"。曹魏时仓慈任敦煌太守："常日西域杂胡欲来贡献，而诸豪族多逆断绝，既与贸迁，欺诈侮易，多不得分明。胡常怨望，慈皆劳之。欲诣洛者，为封过所；欲从郡还者，官为平取，辄以府见物与共交市，使吏民护送道路。由是，民夷翕然称其德惠。"说明那些途经敦煌的胡商有的以洛阳为最后的目的地。曹魏时西域人流寓洛阳者亦有可考，20世纪30年代中期，法国神父步履仁在洛阳发现一残碑，为佉卢文石刻，乃2、3世纪时大月氏人在洛阳建造寺院的井栏题记。当时流寓洛阳之贵霜王朝大月氏人可能不是少数。嘉平二年（250年），天竺僧人昙柯迦罗、月氏高僧竺法护等皆曾游化洛阳。昙柯迦罗译出《僧祗戒心》，建立羯磨法，创行受戒，中土始有正式沙门。

蜀身毒道（即南方丝绸之路）

南方丝绸之路，也称蜀身毒道，是一条起于现今中国四川成都，经云南，到达印度的通商孔道。其总长有大约2000公里，是中国最古老的国际通道之一。早在距今2000多年的西汉时期就已开发。它以四川宜宾为起点，经雅安、芦山、西昌、攀枝花到云南的昭通、曲靖、大理、保山、腾冲，从德宏出境；进入缅甸、泰国，最后到达印度和中东。与西北"丝绸之路"一样，"南方丝路"对世界文明做出了伟大的贡献。

南方海上丝路

孙吴政权黄武五年(226 年)置广州(郡治今广州市)，加强了南方海上贸易。有史料可稽，东晋时期广州成为海上丝绸之路的起点。对外贸易涉及达 15 个国家和地区，不仅包括东南亚诸国，而且西到印度和欧洲的大秦。经营方式一是中国政府派使团出访；一是外国政府遣使来中国朝贡。丝绸是主要的输出品。输入品有珍珠、香药、象牙、犀角、玳瑁、珊瑚、翡翠、孔雀、金银宝器、犀象、吉贝（棉布）、斑布、金刚石、琉璃、珠玑、槟榔、兜銮等。广州海上丝绸之路的发展，致使对外贸易收入成为南朝各政权的财政依赖。

东晋与拜占庭

347 年，东晋王朝占领巴蜀以后，通过张氏前凉政权，正式与拜占庭建交。早在西汉时期，中国就同古罗马帝国有往来。他们称中国为赛里斯国，意思是"丝国"。随着丝绸之路的开辟与日趋繁盛，中国与罗马的贸易关系越来越密切。3 世纪初，三国曹魏增辟了与罗马交往的新北道，由玉门关转向西北，通过横坑(今库鲁克山)，经五船以东转西进入车师前部（哈拉和卓）。然后，转入天山北麓，穿越乌孙、康居、奄蔡，便可渡黑海或越高加索山脉和罗马帝国相通，最后到达帝国的新都拜占庭。拜占庭是罗马皇帝君士坦丁（306—337 年）执政期间建成的新都，拜占庭人通常以拂菻（首都）自称。345—361 年间，拜占庭使者来到长江流域晋王朝统治地区。363 年，晋哀帝司马丕也向拜占庭派出使者，并通过河西汉族政权，使双方在丝绸贸易上达成协议，保证了通往拜占庭的丝绸之路的畅通。东晋与拜占庭的正式的国家间的交往，不仅使丝绸的供求交易更加便利，而且输送交流了其他的文明，影响各自历史的进程。

北魏西使

公元386年，鲜卑族首领拓跋珪建立了北魏王朝。

在北魏（386—534年）统一北方的过程中，西域的车师前部王（今吐鲁番）、焉耆王和鄯善（楼兰，今若羌一带）王等都曾遣使到北魏朝贡，表达臣服之意。

435年，北魏首次派遣使节联络西域各国，由于途中遭到柔然的阻挠，抵达敦煌后就不得不返回了。437年，北魏再次派出使节，到了鄯善，又到了伊犁河流域的乌孙。沿途所经各国纷纷表示归附，甚至遥远的破洛那国（今乌兹别克斯坦的费尔干纳）也捎信给他们，表示愿与北魏通好。他们东归时，西域十六国的使节带着各自的土特产品，一起到达平城（今山西大同）朝见北魏皇帝，进贡方物。

439年，北魏太武帝拓跋焘亲率大军，平定了得到柔然支持的北凉政权，打通了前往西域的河西走廊。北魏兵马继续前进，先后征服了此时已叛离的焉耆和鄯善，设立焉耆和鄯善两个军镇，驻兵守卫。北魏还在这两个地方任命行政官员，实行与内地一样的郡县制。随后，北魏军队又向西攻下了龟兹（音"秋兹"，今库车）。游牧在龟兹以北的悦般（北匈奴的一支）主动要求与北魏结盟，共同抗击北方的柔然。柔然闻讯后，自知难以同北魏匹敌，便撤离了西域地区。北魏顺利地统一了西域。

北魏统治中国北方长达171年（到西魏亡），影响是深远的。由于它是鲜卑拓跋氏建立的，西北和北方的少数民族，都将"拓跋（Tabgaci）"当作中国的代称。元朝道人丘处机出访西域，将Tabgaci音译成"桃花石"。各国学者一般都认为"桃花石"就是指中国。

北魏商旅和来华定居的各色人等

北魏政府在洛阳宣阳门外四里永桥以南，安置外国归附者。据《洛阳伽蓝记》卷3"城南"记载：在四通市之南，"伊洛之间，夹御道有四夷馆，道东有四馆；一名金陵，二名燕然，三名扶桑，四名崦嵫。道西有四里：一曰归正，二曰归德，三曰慕化，四曰慕义"。其中前三馆和前三里，分别为吴人、北夷、东夷来附所居及赐宅处，而"西夷来附者，处崦嵫馆，赐宅慕义里"。当时西域来华者人数甚众，"自葱岭以西，至于大秦，百国千城，莫不款附。商胡贩客，日奔塞下，所谓尽天地之区已。乐中国土风因而宅者，不可胜数。是以附化之民，万有余家。门巷修整，阊阖填列。青槐荫陌，绿柳垂庭。天下难得之货，咸悉在焉。别立市于洛水南，号曰四通市，民间谓永桥市"。同书卷四记载侨居洛阳的西域人云："西域远者，乃至大秦国，尽天地之西陲，耕耘绩纺，百姓野居，邑屋相望，衣服车马，拟仪中国。"洛阳出土鄯月光墓志，时当北魏正始二年（505年）十一月二十七日。碑题为"前部王车伯生息妻鄯月光墓志"。鄯月光为鄯善国之女，嫁于车师前部王车伯之子。鄯月光既死葬洛阳，车师王子想必亦寄居洛阳，说明北魏时车师前部王之子或留学，或作为质子流寓于洛阳。1931年洛阳东北后沟出土的鄯乾墓志，乃北魏延昌元年（512年）八月二十六日所立，志文云鄯乾乃魏之侍镇西将军鄯善王宠之孙，平西将军青、平、凉三州刺史鄯善王临泽侯视之长子，亦鄯善国贵族寄居于洛阳者。洛阳北魏常山文恭王元邵墓中出土有粉绘骆驼，背驮巨大的行囊，其内所装应是丝绸，正是丝路上沙漠之舟的形象。此墓中还出土两个陶俑，头发卷曲，身体彪悍，像是非洲黑人，故有人称之为"昆仑奴"。另有一件绿釉扁壶，上饰乐舞图案，从人物形象和服饰看，像是阿拉伯人。说明当时有大批西域商人前来洛阳贸易，有大量外国人侨居洛阳，从而对当时的中西交流起了重要的作用。

粟特商人

作为丝路贸易集散地和中转站的疏勒，必然格外地吸引粟特人到此经商并定居。直到 11 世纪，喀什噶尔城郊还有大批的操粟特语的村落，这在麻赫穆德•喀什噶里的《突厥语大辞典》中，就有明确记载，说这些土著居民操"坎杰克语"；突厥称西域康居国为"坎杰克"，而康居正是粟特人的故乡。粟特人建立过许多绿洲城邦，但从没有建立过统一的国家，因此长期受周边的强大外族势力的控制。由于粟特地区处于中亚西部丝绸之路的干线上，粟特人成了一个独具特色的商业民族，他们通过漫长的丝绸之路频繁往来于中亚与中国之间，成为中世纪东西方贸易的承担者。

粟特人以善经商闻名，多豪商大贾，操印欧系东伊朗语，早就创立了源自阿拉美字母系统的拼音文字，一般称之为粟特文，一作牵利文，于阗塞语中称为 suli 人，即牵利人（粟特人），其复数形式则为 suliya，贝利教授指出，在于阗诸佛教文献中，suliya 一词意为商人，这恰恰说明粟特人是以经商闻名于世的。史载康国粟特"善商贾，好利，丈夫年二十去旁国，利所在无不至"。不辞劳苦，沿丝绸之路东西往返，由之形成了许多粟特聚落。例如丝路北道的碎叶城应即粟特人所筑。

粟特人的主要商业活动内容是从中原购买丝绸，而从西域运进体积小、价值高的珍宝，如瑟瑟、美玉、玛瑙、珍珠等，因此，粟特胡以善于鉴别宝物著称。《南部新书》记长安"西市胡入贵蚌珠而贱蛇珠。蛇珠者，蛇之所出也，唯胡人辨之"。六畜也是粟特商人出售的主要商品，突厥汗国境内的粟特人主要承担着这种以畜易绢的互市活动。新疆境内作为唐之臣民的粟特人也常做一些较短途的牲畜生意。

奴隶也是粟特人贩运的主要商品，官府一般保护这种交易的正常进行，粟特人还以非法手段抢掠或拐带中原妇女。唐振武军使张光晟就查获了一起回鹘境内粟特人拐卖汉女的案件："建中元年（780）回纥突董梅录领众，并杂胡等自京师返国，舆载金帛，相属于道，光晟讶其装橐颇多，潜令驿卒以长锥刺之，则皆辇归所诱致京师妇人也。"粟特商人几乎都是高利贷者，除贷钱外还贷放绢帛，吐鲁番阿斯塔那 61 号墓出土文书中有一件《唐西州高昌县上安西都护府牒稿》，内容是汉人李绍谨借练于粟特胡曹禄山，拖欠未还，引起的一起经济诉案。此案李绍谨于弓月城一次借练 275 匹之多，可见粟特人资财之众，并以之牟利。又《册府元龟》卷 999，记长庆二年"京师内冠子弟"多"举蕃客本钱"，即借了粟特人的钱，偿还不起。由此可知，粟特人的商业活动包括丝绸、珠宝、珍玩、牲畜、奴隶、举息等，几乎覆盖了一切重要市场领域，确已控制了丝路贸易的命脉。乃至"京师衣冠子弟"也不得不拜在他们的脚下。粟特人商业成功的奥秘，除了归功于精通业务，善于筹算，不畏艰险，谙熟各种语言以外，还具有许多经商的手段。

善于投附一定政治势力，并取得一定政治地位，从而有利于商业活动的开展。例如粟特人马涅亚克曾代表突厥，奉使波斯、东罗马，西魏酒泉胡安诺盘陀曾奉使突厥，唐代著名粟特商人康艳典、石万年、康拂耽延、何伏帝延等皆拥有城主称号，曹令忠官拜北庭大都护、康感官拜凉州刺史、康进德为安西大都护府果毅，其例不胜枚举。凭借官员身份或投依官府，进行商业活动，自然是得心应手了。

用宗教活动掩护商业活动。粟特人的宗教信仰相当复杂，佛教、祆教、摩尼教皆拥有其信徒，例如华严宗第三代宗师贤首大师释法藏就是康国人，曾与玄奘同参译事。回鹘皈依摩尼教亦赖粟特人之力。而"摩尼至京师，岁往来东西市，商贾颇与囊橐为奸"。可见这些具有宗教人士身份的粟特人也在经商牟利。

粟特人，在中国古代史籍中叫"昭武九姓""九姓胡"，或就简称作"胡"，他们的故乡在中亚阿姆河和锡尔河之间的粟特地区，以撒马尔干（在今乌兹别克斯坦）为中心，有九个绿洲王国，即康、安、曹、石、史、米等国。粟特人在文化上很早就接受波斯的伊朗文化影响，他们的到来，使唐朝的一些都市充满了一种开放的胡风。我们看看唐朝最盛的开元天宝年间的有关记载，就可以感受到这一时代风潮。李白《前有樽酒行》诗："胡姬貌如花，当垆笑春风。"（《全唐诗》卷162）是说当年长安有酒家胡女在招徕宾客。岑参《酒泉太守席上醉后作》诗："琵琶长笛齐相和，羌儿胡雏齐唱歌。浑炙犁牛烹野驼，交河美酒金叵罗。"（《岑参集校注》卷2）说的是酒泉地方官的宴席上，胡人演唱的情形。白居易《胡旋女》诗："天宝季年时欲变，臣妾人人学环转；中有太真外禄山，二人最道能胡旋。"（《全唐诗》卷426）太真就是杨贵妃，她是唐玄宗最宠爱的妃子，其善跳胡旋舞，说明了这种舞蹈在当时的风行。史书记载安禄山"腹缓及膝"，极力描写其臃肿肥胖的样子，大概是有些夸张。他作为粟特人后裔，跳胡旋是其家常，史书说他"作胡旋舞帝（唐玄宗）前，乃疾如风"（《新唐书·安禄山传》），可以与杨贵妃媲美。

南北朝江南经济的发展

从西晋后期到南朝前期，北方人民大量南迁，带去了中原先进的生产技术。

南方的纺织技术进步十分明显。三国时期只有蜀锦有名，到了东晋后期，江南的织锦业迅速发展。扬州、荆州是江南丝织品生产最多的地方。

在冶铸业中，灌钢法的发明是冶炼技术的一大进步，用这种技术制造的兵器和农具十分坚固耐用。扬州、荆州是当时的冶炼中心城市。

值得大笔书写的是江南的青瓷烧制技术达到了相当高的水平，青瓷成为人们日常的生活用具。受佛教的影响，南方青瓷普遍以莲花为装饰。白瓷的烧制也在南朝开始，说明制瓷技术的提高。南方商品经济的初步发展，促进了城市的繁荣。健康是当时人口最多、经济最活跃的一个都市。

白　釉

白釉是瓷器的本色釉。一般瓷土和釉料，都或多或少含有一些氧化铁，器物烧出后必然呈现出深浅不同的青色来。如果釉料中的铁元素含

量小于 0.75%，烧出来的就会是白釉。古代白瓷的制作，并不是在釉料中加进白色呈色剂，而是选择含铁量较少的瓷土和釉料加工精制，使含铁量降低到最少的程度。这样在洁白的瓷胎上施以纯净的透明釉，就能烧制白度很高的白瓷。白釉出现于北朝。北齐范粹墓出土的白瓷，是中国至今所见的最早的白瓷。

| 白釉瓷器

第五章　万国盛会

经过多年的大分裂，中国有了一统的气象。杨坚建立了隋朝，是为隋文帝。经过南征北战，隋朝统一了南北。之后杨广称帝，是为隋炀帝。隋炀帝曾在张掖大会西域诸国，当时参加这一盛会的有突厥、新罗、靺鞨、毕大辞、诃咄、传越、乌那曷、波腊、吐火罗、俱虑建、忽论、诃多、沛汗、龟兹、疏勒、于阗、安国、曹国、何国、穆国、毕、衣密、失范延、伽折、契丹等国，史称"万国博览会"。《资治通鉴》对此盛会记载："其蛮夷陪列者，二十余国。"

隋朝建立

大象二年(580年)六月八日北周宣帝病死，刘昉、郑译矫诏以杨坚为总知中外兵马事，扶持年幼的北周静帝宇文阐，以大丞相身份辅政。相州总管尉迟迥、郧州总管司马消难与益州总管王谦等人不满杨坚专权，联合反抗杨坚，但被杨坚所派的韦孝宽、王谊与高颍等人平定。大定元年(581年)二月，北周静帝禅让帝位于杨坚，杨坚登基为帝，即隋文帝，建国隋，定都大兴城(今西安)，北周亡。

一统江山

公元 589 年，年仅 20 岁的杨广被拜为隋朝兵马都讨大元帅，统领 51 万大军南下向富裕、强盛的陈朝发动进攻，并完成统一。当时人们认为"长江天堑，古以为限隔为南北……"当年符坚百万大军都没有突破长江天堑。可见这是非常难以完成的任务。可隋军在杨广的指挥下，纪律严明、英勇善战，一举突破长江天堑。所到之处，所向披靡。而对百姓则"秋毫无犯"，对于陈朝库府资财，"一无所取"。博得了人民广泛的赞扬。"天下皆称广以为贤"。20 岁的杨广完成了中国的统一大业，结束了上百年来中国分裂的局面。也结束了中国三四百年的战乱时代。从此中国进入了和平、强盛的时代。

大兴城的营建

公元 581 年，北周权臣、外戚杨坚称帝，建立隋朝。起初，仍定都在汉长安城。但此时长安城风光不再——规模狭小、凋残败落，衙署与民居混杂，而且"水皆咸卤，不甚宜人"，加上渭水南侵。除此，还有更重要的两个原因：隋文帝是一个一心想统一全国的帝王，生活在残破不堪的汉代古城中，当然不能满足；另外，隋文帝是一个迷信风水而又猜忌多疑的人（这与他出生后到 13 岁一直都生活在寺院里有关）。西汉之后，在汉长安城相继建都的几个朝代均寿命短暂，在隋文帝看来，汉长安城是个不祥之地。而且，据说隋文帝夜梦洪水淹没都城。诸多原因促使隋文帝改建新都。

开皇二年(582 年)，隋文帝诏左仆射高颎为总领事，太子左庶子宇文恺为副都监，于龙首原之南营建新都。由于杨坚在北周时被封为"大兴郡公"，所以新都命名为"大兴城"。又据《雍录》卷 3 记载，隋大兴殿(唐改称太极殿)所在地为大兴村，以此名城，并取永远兴隆昌盛之意。

大兴城的特点

隋大兴城是经过周密的调查勘测和精心设计后才动工修建的。主要的设计师和建筑师是北周皇族宇文恺。杨坚在取得政权后，把北周皇族宇文氏几乎诛杀净尽，唯独赦免了这位具有非凡建筑才能的宇文恺。宇文恺担任的虽是营建新都的副监，但实际上一切规划、设计、建造都是由他负责的。宇文恺先到洛阳和东魏、高齐的邺都（今河南临漳西）去考察，吸取了洛阳城和邺都南城的优点，利用龙首原南麓六条冈阜的自然特点进行设计，这六条冈阜（六坡）东西横亘于现在的红庙坡到大雁塔之间。这里北临渭水，东濒浐、灞，西有沣水，南对终南山，地带开阔，水陆交通便利，风景秀丽宜人，确是建都的理想之地。宇文恺先修大兴宫（唐改称太极宫），隋炀帝大业九年（613 年），又动用 10 多万人修筑了外郭城，新都大兴城才算竣工。

宇文恺设计、新建的大兴城有以下几个特点：

一是规模宏大，气势雄伟。在六坡上面修建巍峨的宫殿和庙宇，极具雄伟气魄。其实，这样设计完全是为了掌握京城的制高点，不仅宫室、百官廨署占据高地，就连长安、万年这两个县治也不例外。这些耸立于高坡之上的建筑物，使长安城建设中的立体效果更为明显。坡与坡之间的低地，除安置居民区外，还利用凹陷地带开辟湖泊，使其成为名胜风景区。城东南的曲江池就是一例。经考古发掘，外郭城全是板筑夯土墙，东西长 9721 米，南北长 8651.7 米（均包括城墙厚度在内），周长 36.7 公里。总面积约 84 平方公里，约为今西安城的 7.5 倍。郭城东、西、南三面各开 3 座城门，每座城门又开 3 个门洞，唯南面正中的明德门最大，特开 5 个门洞。

二是城内做了分区设计，主要分为宫城、皇城和郭城三个部分。宇文恺首先把宫城（专供皇帝及皇族居住和处理朝政的地方）放在北高地上，占据了京城中的有利地形，这是为最高统治阶层的安全着想；皇城又名子城，是封建政府机关所在地，紧附于宫城的南边；外郭城从东、西、南三面"拱卫"皇城与宫城，是一般居民和官僚的住宅区，也是大兴城的商业区。大兴城内有东、西两市，东曰"都会"，西曰"利人"，在皇城外东南和西南作对称分布。两市是城内手工业和商业的集中地，店铺林立，四方珍奇宝货荟萃其中。皇城、宫城与郭城隔离，是隋大兴城设计上的一大特点，也是封建统治者对百姓严加防范的表现。

三是全城街道整齐，分坊管理。城内南北 11 条大街，东西 14 条大街，形成网格布局，其间列置 108 坊（又称"里"），每坊都有专名。这些坊又以朱雀大街为界分为东西两半，分属大兴、长安两县。入夜，坊门关闭，十分严谨。此外，大兴城内还开凿了龙首、永安、清明三渠，把浐河、滈河、潏河水引进城内，解决宫苑及其他用水，并且萦回曲折，汇成多处池塘，成为风景区，更增添了大兴城秀丽的景色。

隋炀帝通丝路

西巡张掖

公元 605 年（大业元年），隋将韦云起率突厥兵大败契丹，韦云起扬言借道去柳城（今辽宁朝阳南）与高句丽交易，率军入其境，契丹人未加防备。韦云起率军进至距契丹大营 50 里处，突然发起进攻，大败契丹军，俘虏其男女 4 万余人。隋朝阻止拖延了契丹的崛起强大。

公元 608 年（大业四年），隋炀帝派军灭了吐谷浑。开拓疆域数千里，范围东起青海湖东岸，西至塔里木盆地，北起库鲁克塔格山脉，南至昆仑山脉，并实行郡县制度管理。使之归入中国统治之下。这是以往各朝从未设置过正式行政区的地方。

公元 609 年（大业五年），隋炀帝率大军从京都长安（今西安）浩浩荡荡地出发到甘肃陇西，西上青海横穿祁连山，经大斗拔谷北上，到达河西走廊的张掖郡。这次出行绝不是游山玩水，个人玩乐的。因为西部自古大漠边关、自然条件环境恶劣，隋炀帝还曾遭遇到暴风雪的袭击。此峡谷海拔三千多米，终年温度在零度以下。行途中士兵冻死大半，随行官员也大都失散。隋炀帝也狼狈不堪，在路上吃尽苦头。隋炀帝这次西巡历时半年之久，远涉到了青海和河西走廊。隋炀帝西巡过程中置西海、河源、鄯善、且末四郡，进一步促成了甘肃、青海、新疆等大西北成为中国不可分割的一部分。

万国博览会

隋炀帝到达张掖之后，西域 27 国君主与使臣纷纷前来朝见，表示臣服。各国商人也都云集张掖进行贸易。隋炀帝亲自打通了丝绸之路，这是千古名君才能有的功绩。为炫耀中华盛世，隋炀帝杨广在古丝绸之路举行了类似万国博览会的盛大商贸大会。游人和车马长达数十百里，这是举世创举，可以说是震古烁今。

> 肃肃秋风起，悠悠行万里。万里何所行，横漠筑长城。
>
> 岂合小子智，先圣之所营。树兹万世策，安此亿兆生。
>
> 诅敢惮焦思，高枕于上京。北河见武节，千里卷戎旌。
>
> 山川互出没，原野穷超忽。撞金止行阵，鸣鼓兴士卒。
>
> 千乘万旗动，饮马长城窟。秋昏塞外云，雾暗关山月。
>
> 缘严驿马上，乘空烽火发。借问长城侯，单于入朝谒。
>
> 浊气静天山，晨光照高阙。释兵仍振旅，要荒事万举。
>
> 饮至告言旋，功归清庙前。

这是隋炀帝在这次西巡时所作的《饮马长城窟行》，成为千古名篇。"通首气体强大，颇有魏武之风。"后代文人对他的诗篇的评价极高。"混一南北，炀帝之才，实高群下。""隋炀起敝，风骨凝然。隋炀从华得素，譬诸红艳丛中，清标自出。隋炀帝一洗颓风，力标本素。古道于此复存。"另一首隋炀帝写的《春江花月夜》"暮江平不动，春花满正开。流波将月去，潮水带星来。"足以显示他的文采。"能作雅正语，比陈后主胜之。""隋炀诗文远宗潘、陆，一洗浮荡之言。惟录事研词，尚近南方之体。"隋炀帝的诗文在中国文学、诗歌史上占有重要地位。

隋炀帝此次西巡开拓疆土、安定西疆、大呈武威、威震各国、开展贸易、扬我国威、畅通丝路。乃一代有作为的国君所为。

金张掖

武威虽然是凉州的首府，但在河西走廊，张掖的商品经济地位更加突出。在河西走廊一直流传着这样一句话："金张掖，银武威"，是说张掖是个流金的地方，而武威只能拿银牌。

张掖原来只是绿洲上的一个商道驿站，汉代以后这里成为重要的军事要塞。大批汉军驻扎在此，把张掖作为进攻匈奴、谋取西域的桥头堡。为了就近解决军队粮草，汉代实行戍边与屯田双管齐下的政策，即战时为兵，不战时为农。十几万的军队一下子拥到张掖，撑大了张掖的胃口，给丝绸之路沿途国家的商人，带来了极大的"利好"消息。

于是，西域诸国的商人把张掖视为淘金的王国，千里万里不惧艰险地往张掖转运商品，张掖由一个商道驿站迅速变成了一个经商城市。

白瓷传销海外

隋代是中国瓷器生产技术的重要发展阶段。其突出的表现是，在河南安阳、陕西西安的墓葬中出土了一批白釉瓷。沼帔白瓷，胎质坚硬，色泽晶莹，造型生动美观，这是中国较早出现的白瓷。

白瓷的出现，改变了丝路人们饮茶的习惯。

据说在当时的印度，集市上人们喝茶用的工具是一次性的陶杯子，这种陶杯子制作粗糙，工艺简单，属于大众消费品。而白瓷的出现，提高了饮茶的品位，据文献记载，在中国的茶叶传入欧洲后，白瓷茶具就成了衍生的奢侈用品。

世界中心东京洛阳

炀帝志在开远夷，通绝域，克平九宇，威加八荒。而洛阳城就是显示他文治武功的舞台。他声称："兼三才而建极，一六合而为家"，"日月所照，风雨所沾，孰非我臣！"（《隋书·炀帝纪》）

7世纪的洛阳城，是当时的世界中心。从东南西北遣使来朝的外国、外藩的汗王使臣，络绎不绝，相衔于路。炀帝对诸国的赏罚，完全根据给不给他面子，"诸蕃至者，厚加礼赐；有不恭命，以兵击之"（《隋书·炀帝纪》）。

西面，高昌国王伯雅来朝，西域之焉耆、龟兹、疏勒、于阗（以上在今新疆境内），康国、安国、石国、米国、史国、曹国、何国、钱汗、挹怛（以上在今西亚诸国境内），诸国均先后遣使来朝。

北面，奚、契丹、室韦、靺鞨，先后来朝。

东面，高丽、百济、新罗与大隋的关系非常紧密，倭国也遣使小野妹子来朝。

南面，林邑（越南）、赤土（马六甲）、真腊（柬埔寨）、婆利（北婆罗洲）也先后遣使来朝。

能来的，炀帝都请他们来；不能来的，炀帝派人去。仅大业初年，炀帝就派出了朱宽出使流求，裴清出使倭国，常骏、王君政出使赤土国，韦节、杜行满出使西域，李昱出使波斯。

四方来朝，炀帝的文治武功也达到了顶峰。为了夸耀大隋的富强鼎盛，炀帝铺陈迎客，大慷百姓之慨。他改革原来负责外交职能的鸿胪寺，增设四方馆，专门招待来宾。一时间，洛阳城商胡云集，店肆林立，成了世界政治、商业和娱乐的中心。"蛮夷嗟叹，谓中国为神仙"

（《隋书》卷 67）。盛世太平之象，自古帝王无人能望其项背。

隋炀帝为夸耀国家富强，每年正月当少数民族和外国首领、商人聚集洛阳时，命人在洛阳端门外大街上盛陈百戏散乐，戏场绵亘 8 里，动用歌伎近 30000 人，乐声传数十里外。西域商人要到市上交易，炀帝就下令盛饰市容，装潢店肆，房檐一律，珍货充积，连卖菜的都要垫以龙须席。当这些商人从酒店饭馆前经过时，都要请他们就座用餐。并说："中国丰饶，酒食例不取直（值）。"还将市上树木缠以丝织品做装饰。有些胡商说："中国亦有贫者，衣不盖形，何如以此物与之！缠树何为？"

青瓷

青瓷是表面施有青色釉的瓷器，是中国著名的传统瓷器品种之一。中国历代被称为缥瓷、千峰翠色、艾青、翠青、粉青等都是指青瓷而言。

青瓷的色调是由胎釉的铁含量和釉层厚薄以及烧成气氛和窑位等工艺决定的。用复杂的工序烧造出的瓷器釉色青碧，釉层厚润，可与翠玉媲美，人们常用"千峰翠色"来形容青瓷釉色之美。这种美丽的青瓷釉，在艺术上对美化瓷器的作用，达到了一个相当高的境界。

釉面开片，即釉面有很细的裂纹。因为瓷器在高温烧烤时，胎和釉会由于热膨胀系数不同而出现裂纹。这本是一种工艺上的缺陷，宋代的窑工们巧妙地利用这种开片现象来美化瓷器，形成了美的韵律和节奏，使青瓷本身增添了光彩和生机。根据纹片的不同形态，赋以不同的名称，如冰裂纹、蟹爪纹、牛毛纹、兔丝纹、百圾碎、鱼子纹、鳞片纹、叶脉纹、流水纹等。青瓷纹片就是这样以其纯真的人工和烧制中自然产生的艺术美赢得世人的喜爱，从而创造了青瓷纹片这一艺术特色。

青瓷另一个特点便是"紫口铁足"。青瓷胎的色泽，有的胎骨黝黑，宛如真铁。三氧化二铁含量可高达 5% 左右，在高温中它还原成黑色的低价铁，在烧造时，由于底部还原焰较强，加上有垫饼的托烧而微露胎色，胎中的三氧化二铁一经还原成氧化亚铁就是黑色，所以称为"铁足"，口沿部分还原焰虽较弱，但由于上的釉容易下垂，釉层不厚胎质容易显露，所以常常透出灰黑泛紫的颜色，这就是"紫口"。

　　青瓷以造型见长，以釉色取胜，以纹片著称，在造型方面品种繁多，有的形体不加任何装饰，也有作巧妙装饰的，但都起着画龙点睛的作用。造型既端庄秀丽、凝重大方，又具有刀法洗练、器型流畅、

青瓷 |

明快简练、变化多端的特点。一般是由于工艺上的要求，另一方面由于历史原因，青瓷与青铜器在造型上有着密不可分的血缘关系，在原始社会陶器业很发达的商周时代，青铜业得到发展。一开始青铜造型多来源于陶器，而原始青瓷在商周、春秋时代是属于萌芽和确立时候，它的造型又借鉴于青铜造型。既继承了商周铜器的传统，又不一味泥古模仿。把继承和创新两方面很好地结合起来，在同一种风格的造型上，由于时代的不同，运用不同的材质和不同的处理手法而出现不同的艺术效果。这说明一种文化的发展不是独立存在的，它是遵循着继承和发展的道路前进的。在装饰上既采用前代刻、印花等方法，而又创造性地运用"开片"和"紫口铁足"等艺术手段，形成碎纹艺术釉，使青瓷釉得以充分发挥其艺术效果。

|青瓷

千百年来，青瓷在国内外有极高的评价，享有"瓷海明珠"之美誉。沿着海上"丝绸之路"传播到日本、朝鲜、东南亚、非洲和欧洲等地，这些精美的瓷器和制瓷技术传到世界各地，可以毫不夸张地说，不论是工艺技术、造型艺术、视觉感受，青瓷艺术是我国陶瓷发展史上的一个辉煌的顶点，在世界文化交流史上闪耀着祖国优秀文化的光彩。

陶瓷技术的领先，和当时的科学技术有着紧密的关联，在中原的丝绸、陶器西输的时候，西方也在千方百计地套取中国的技术，到了唐代，丝绸技术外泄、造纸术西传严重影响了中国的丝绸贸易。

第六章　大唐盛世

隋唐更迭

隋朝虽然一统天下，但是三国魏晋南北朝分裂的惯性，依然暗流涌动，隋朝末期，军阀割据，民不聊生，终于爆发隋末农民起义。大业十三年(617年)五月，太原留守、唐国公李渊在晋阳起兵，十一月占领长安，拥立隋炀帝孙子代王杨侑为帝，改元义宁，即隋恭帝。李渊自任大丞相，进封唐王。义宁二年（618年)五月，李渊篡隋称帝，定国号为唐，隋朝灭亡。隋恭帝降唐为希国公，闲居长安，次年五月去世。李渊就是唐高祖。改元武德，都城仍定在长安。

丝绸之路在唐代基本上还是延续了前代的线路，横跨亚欧大陆。唐朝的丝绸之路有所开拓，将南北朝以来因战乱而中断的部分路段进行了疏通，并开通了天山北路的一段。唐代的丝绸之路从长安（今西安)出发，经甘肃河西走廊(青海、宁夏也有平行线路)至新疆，过天山南北到中亚，一路到中东地区，另一路到欧洲。其中过天山以后还有一条线路到印度。

唐都长安

618 年，李渊称帝，建立唐朝，改大兴为长安，定为都城。此后进一步修建和完善。唐太宗和唐玄宗年间先后增建了大明宫和兴庆宫等宫殿。

唐都长安城

唐都长安城周长达 35.56 公里，面积约 84 平方公里，是现在西安城墙内面积的 9.7 倍，汉长安城的 2.4 倍，北魏洛阳城的 1.2 倍，隋唐洛阳城的 1.8 倍，元大都的 1.7 倍，明南京城的 1.9 倍，明清北京城的 1.4 倍，公元 447 年所修君士坦丁堡的 7 倍，公元 800 年所修巴格达的 6.2 倍，古代罗马城的 7 倍。至盛唐，长安为当时规模最大、最为繁华的国际都市。

唐都长安城是世界历史上第一个达到百万人口的大城市。唐长安的人口中，除居民、皇族、达官贵人、兵士、奴仆杂役、佛道僧尼、少数民族外，外国的商人、使者、留学生、留学僧等总数不下 30000 人。当时来长安与唐通使的国家、地区多达 300 个。唐的科技文化、政治制度、饮食风尚等从长安传播至世界各地。另外，西方文化通过唐长安城消化再创造后又辗转传至周边的日本、朝鲜、缅甸等国家和地区。唐长安成为世界西方和东方商业、文化交流的汇集地，是当时世界上最大的国际大都会。

安西四镇和安西都护府

唐太宗即位不到 12 天，东突厥颉利可汗犯边，被李靖、徐世勣带领的唐军骑兵打败，东突厥灭亡。

这次胜利，使唐太宗在西北各族中的威信大大提高。这一年，回纥等各族首领一起来到长安，朝见唐太宗，拥护唐太宗为他们的共同首领，尊称他为"天可汗"。之后，唐太宗派兵击败吐谷浑，封慕容顺为西平郡王。有派兵征服高昌、西突厥，天山南路各个小国纷纷归附唐朝。唐朝将安西都护府迁至龟兹，统领龟兹、焉耆、于田、疏勒四镇，称"安西四镇"。

贞观以来，高昌王有意对抗唐廷。唐太宗遣使和谈，但不肯归顺。派兵讨伐，高昌王忧惧死，其子智盛出降。公元640年九月，置安西都护府于交河城。

由于唐太宗施行开明的民族政策，尊重少数民族的生活方式和风俗习惯，并且任命他们原来的首领担任各级官职以进行管理，西域各族人和亚洲许多国家的人，不断到长安拜见和观光。

伊努斯的故事

伊努斯的故事取材于著名的敦煌壁画，后来还排成歌舞剧《丝路花雨》在丝绸之路的各个国家上演。

传说中的一天，在唐代的河西走廊，飓风骤起，将波斯商人伊努思带领的商队卷入了风沙之中，伊努思被埋在沙堆里。中国画工神笔张和女儿英娘，无意中发现了伊努思，并及时救了他。

神笔张父女与伊努思告别后，不幸为盗所劫，英娘被匪首窦虎劫走。英娘被迫学艺，在皮鞭和鼓乐声中长成了一个出色的歌舞伎艺人。五年后，窦虎带他的百戏班子来到敦煌市集，英娘含悲起舞，博得了众人的喝彩，也引起了掌管市集贸易的官吏市令的邪念。这时，神笔张寻女也来到市集，终于与女儿英娘相遇。窦虎拿出伪造的"卖身契"，阻挠父女团聚；垂涎于英娘美色的市令也从中作梗。这时，在此经商的伊努斯挺身而出，不惜以重金为英娘赎身。在莫高窟内，女儿的舞姿，激发了神笔张的灵感，绘出了敦煌壁画中的衡世珍品——《反弹琵琶伎乐天》。

伊努思前来看望神笔张，发现洞窟内的壁画和彩塑，为之惊叹。当窟内充满欢乐气氛之时，市令要将英娘征为歌奴，企图霸占她。英娘惊闻噩耗，失声痛哭。神笔张忍痛把女儿托付给生死盟友伊努思，让她随商队逃往异国。市令诡计未逞，将神笔张囚禁莫高窟内，罚他戴镣作画。一日，河西节度使偕夫人来到莫高窟，看到《反弹琵琶伎乐天》的高超画艺，赞赏不已。当他见到身带镣铐的神笔张时，大为吃惊。他得知真情后，当即下令为他除去长镣，并赏给神笔张一支官制画笔。从此，神笔张获得了自由。

3 年后，唐朝要召开 27 国交谊会。伊努思奉命作为波斯通商使节，就要率商队启程，英娘随商队返乡，欣喜万分。为感谢波斯亲人伊努思一家的救护之恩，她将精心绣制的珍品《反弹琵琶伎乐天》赠给他们。神笔张得知 27 国交谊会即将召开，期望爱女能随商队返回。突然，他发现窦虎和市令正在密谋拦截波斯商队，他不顾危险，欲向商队报警，不幸被窦虎暗箭射中，倒在沙丘下。伊努思的商队遭到伏击，货物被抢劫一空，狠心的市令还要杀人灭口。危急关头，神笔张苏醒过来，爬上烽火台，点燃了烽火。市令与窦虎见已惊动四方，仓皇而逃。伊努思急步跑到神笔张身边，黯然泪下，英娘更是悲痛万分。

神笔张临终前把窦虎的暗箭交给英娘，嘱咐伊努思和女儿一定要剪除市令和窦虎这些奸官恶贼……英娘悲痛欲绝，发誓为父报仇。

27 国交谊会隆重开幕。市令、窦虎把抢来的宝石琵琶献给河西节度使，以求升赏，这时，化装成老者的伊努思，向节度使请示献艺。英娘面蒙褐纱，跳起了盘上舞，获得了宾主的赞赏，舞罢，英娘扯开面纱，持箭直指仇人，并向节度使呈上暗箭，诉说使书被劫、父亲遭害的经过。节度使义愤填膺，下令拿下市令、窦虎，严惩了奸官恶贼，确保了中外通好。

松赞干布和文成公主

松赞干布是藏族历史上的英雄，崛起于藏河(今雅鲁藏布江)中游的雅隆河谷地区。他统一藏区，成为藏族的赞普("君长"之意)，建立了吐蕃王朝。唐贞观十四年（640年），他遣大相禄东赞至长安，献金5000两，珍玩数百，向唐朝请婚。太宗许嫁宗女文成公主。

文成公主（625—680年），唐朝皇室远枝。汉族。汉名无记载，在吐蕃被尊称甲木萨（藏语中"甲"的意思是"汉"，"木"的意思是"女"，"萨"的意思为神仙），吐蕃赞普松赞干布的妾。她聪慧美丽，自幼受家庭熏陶，学习文化，知书达理，并信仰佛教。640年奉唐太宗之命和亲吐蕃，文成公主对吐蕃贡献良多。

松赞干布和文成公主雕塑

六试婚使

7世纪，西藏王松赞干布震撼唐朝。当时，唐朝拥有世界最先进的经济文化。唐太宗崇尚"一桩婚姻就相当于10万雄兵。"16岁的文成公主知书达理，朴素大方，主动应征做24岁的松赞干布的夫人。相传，禄东赞携带黄金5000两以及大量珠宝，率领求婚使团，前往唐都长安请婚。不料，天竺、大食、仲格萨尔以及霍尔王等同时也派了使者求婚，他们均希望能迎回贤惠的文成公主做自己国王的妃子。为之，唐太宗李世民非常为难。为了公平合理，他决定让婚使们比赛智慧，谁胜利了，便可把公主迎去，这便是历史上的"六试婚使"（又称"六难婚使"，也有"五试婚使"之说，拉萨大昭寺和布达拉宫内至今完好地保存着描绘这一故事的壁画）。

第一试：绫缎穿九曲明珠，即将一根柔软的绫缎穿过明珠（有说汉玉）的九曲孔眼。比赛开始，由于吐蕃以外的使臣们有势力，所以他们抢先取去，绞尽脑汁，怎奈几晚也没有穿过去。而聪慧的禄东赞坐在一棵大树下想主意，偶然发现一只大蚂蚁，于是他灵机一动，找来一根丝线，将丝线的一头系在蚂蚁的腰上，另一头则缝在绫缎上。在九曲孔眼的端头抹上蜂蜜，把蚂蚁放在另一边，蚂蚁闻到蜂蜜的香味，再借助禄东赞吹气的力量，便带着丝线，顺着弯曲的小孔，缓缓地从另一边爬了出来，绫缎也就随着丝线从九曲明珠中穿过。

第二试：辨认100匹骒马和100匹马驹的母子关系。比赛开始，但见各位婚使轮流辨认，有的按毛色区分，有的照老幼搭配，有的则以高矮相比，然而都弄错了。最后轮到禄东赞了，得到马夫的指教，他把所有的母马和马驹分开关着，一天之中，只给马驹投料，不给水喝。次日，当众马驹被放回马群之中，它们口渴难忍，很快均找到了各自的母亲吃奶，由此便轻而易举地辨认出它们的母子关系。紧接着，唐太宗李世民又出题让指认百只雏鸡与百只母鸡的母子关系。这件事又把其他婚使难住了，谁也指认不清。禄东赞便把鸡全赶到广场上，撒了很多食料，母鸡一见吃食，就"咯、咯、咯"地呼唤小鸡来吃，只见大多数小鸡跑到自己妈妈的颈下啄食去了。但是仍有一些顽皮的小鸡不听呼唤，各自东奔西跑地去抢食，于是禄东赞学起鹞鹰"瞿就儿——瞿就儿——"的叫声，鸡娃听见，信以为真，急忙钻到了各自母亲的翅膀下藏起来，母鸡与雏鸡的关系再被确认开来。

第三试：规定百名求婚使者一日内喝完 100 坛酒，吃完 100 只羊，还要把羊皮揉好。比赛开始，别的使者和随从匆匆忙忙地把羊宰了，弃得满地又是毛，又是血；接着大碗地喝酒，大口地吃肉，肉还没有吃完，人已酩酊大醉，哪里还顾得上揉皮子。禄东赞则让跟从的一百名骑士排成队杀了羊，并顺序地一面小口小口地呷酒，小块小块地吃肉，一面揉皮子，边吃边喝边干边消化，不到一天的工夫，吐蕃的使臣们就把酒喝完了，肉吃净了，皮子也搓揉好了。

第四试：唐皇交给使臣们松木 100 段，让噶尔·东赞宇松分辨其根和梢。噶尔遂令人将木头全部运到河边，投入水中。木头根部略重沉入水中，而树梢那边较轻却浮在水面，木头根梢显而易见。

第五试：夜晚出入皇宫不迷路（也有说是辨认京师万祥门内的门）。一天晚上，宫中突然擂响大鼓，皇帝传召各路使者赴宫中商量事情。禄东赞想到初来乍到长安，路途不熟，为不致迷路，就在关键路段做了"田"字记号（也有说是涂上颜色）。到了皇宫以后，皇帝又叫他们立即回去，看谁不走错路回到自己的住处。结果，禄东赞凭着自己事先做好的记号，再次地取得了胜利。

第六试：辨认公主。这天唐太宗李世民及诸部大臣来到殿前亲自主试。但见衣着华丽、相貌仿佛的 300 名（也有说 500 名或 2500 名）宫女，分左右两队依次从宫中排开，宛如 300 天仙从空中飘来，轻盈、潇洒、俊美，看得人眼花缭乱。其他使者都没有主意，不知哪位才是文成公主，唯独禄东赞因为事先得到了曾经服侍过公主的汉族老大娘的指教，知道了她的容貌身体特征：体态娟丽窈窕，肤色白皙，双眸炯炯有神，性格坚毅而温柔，右颊有骰子点纹，左颊有一莲花纹，额间有黄丹圆圈（也有说红痣），牙齿洁白细密，口生青莲馨味，颈部有一个痣。禄东赞反复辨认，最后终于在左边排行中的第 6 位认出了公主（萨迦·索南坚赞著，陈庆英等译：《王统世系明鉴》，辽宁人民出版社，1985 年，第 81—87 页；五世达赖喇嘛著，郭和卿译：《西藏王统记》，民族出版社，1982 年，第 31—33 页；《藏族文学史》，四川民族出版社，1985 年，第 29—30 页）。

唐三彩

唐三彩是唐代低温彩釉陶器的总称，在同一器物上，黄、绿、白或黄、绿、蓝、赭、黑等基本釉色同时交错使用，形成绚丽多彩的艺术效果。"三彩"是多彩的意思，并不专指三种颜色。

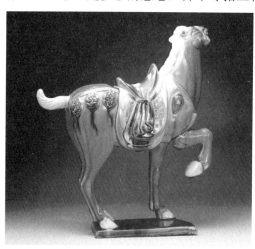

| 唐三彩

唐三彩是一种多色彩的低温釉陶器，它是以细腻的白色黏土作胎料，用含铅、铝的氧化物作熔剂，用含铜、铁、钴等元素的矿物质作着色剂，其釉色呈黄、绿、蓝、白、紫、褐等多种色彩，但许多器物多以黄、绿、白为主，甚至有的器物只具有上述

色彩中的一种或两种，人们统称为"唐三彩"。

制作唐三彩，是先经过舂捣、淘洗等加工的白色黏土捏制成一定形状，再修整、晾干后，放入窑内经 1000℃烧制，待冷却后，上釉挂彩，再入窑焙烧至 900℃即可。

三彩釉陶始于南北朝而盛于唐朝，它以造型生动逼真、色泽艳丽和富有生活气息而著称，因为常用三种基本色，又在唐代形成特点，所以被后人称为"唐三彩"。

唐三彩在古代是冥器，用于殉葬。新中国成立以来随着人们对唐三彩的关注增多，以及唐三彩复原工艺的发展，人们热衷于文房陈设，是馈赠亲友的良品。

布达拉宫

松赞干布亲自率领的大队迎亲人马也赶到了河源，松赞干布一行见到大唐使臣江夏郡王李道宗纳头便拜，并行了子婿大礼，他已认定把大唐作为吐蕃的上国。送亲和迎亲的队伍前呼后拥、威风八面地进入了逻些城，在李道宗的主持下，松赞干布与文成公主按照汉族的礼节，举行了盛大的婚礼，全逻些城的民众都为他们的赞普和夫人歌舞庆贺。松赞干布乐不可支地对部属说："我族我父，从未有通婚上国的先例，我今天得到了大唐的公主为妻，实为有幸，我要为公主修筑一座华丽的宫殿，以留示后代。"

不久，一座美轮美奂的宫殿——布达拉宫就建成了，里面屋宇宏伟华丽。亭榭精美雅致，还开凿了碧波荡漾的池塘，种上了各色美丽的花木，一切建制都模仿大唐宫苑的模式，用来安顿文成公主，借以慰藉她的思乡之情。为了与文成公主有更多的共同语言，松赞干布脱下他穿惯了的皮裘，换上文成公主亲手为他缝制的丝质唐装，还努力地向文成公主学说汉语，一对异族夫妻，感情融洽，互爱互敬，开始了他们新的生活。

| 布达拉宫

和亲的贡献

吐蕃人民赞扬文成公主的诗歌：

从汉族地区来的文成公主，

带来了各种粮食三千八百种，

给吐蕃粮库打下了坚实的基础，

从汉族地区来的文成公主，

带来各种手艺的工匠五千五百人，

给吐蕃工艺打开了发展的大门，

从汉族地区来的文成公主，

带来了各种牲畜五千五百种，

使西藏的乳酪酥油从此年年丰收。

据《吐蕃王朝世袭明鉴》等书记载，文成公主进藏时，队伍非常庞大，唐太宗的陪嫁十分丰厚。有"释迦佛像，珍宝，金玉书橱，360 卷经典，各种金玉饰物"。又有多种烹饪食物，各种花纹图案的锦缎垫被，卜筮经典 300 种，识别善恶的明鉴、营造与工技著作 60 种，100 种治病药方，医学论著 4 种，诊断法 5 种，医疗器械 6 种。还携带各种谷物和芜菁种子等。

永徽元年（650 年），松赞干布去世后，文成公主又在吐蕃生活了 30 年，继续致力于加强唐朝和吐蕃的友好关系。她热爱藏族同胞，深受百姓爱戴。她曾设计和协助建造大昭寺和小昭寺。在她的影响下，汉族的碾磨、纺织、陶器、造纸、酿酒等工艺陆续传到吐蕃；她带来的诗文、农书、佛经、史书、医典、历法等典籍，促进了吐蕃经济、文化的发展，加强了汉藏人民的友好关系。她带来的金质释迦佛像，至今仍为藏族人民所崇拜。

永隆元年（680 年），文成公主逝世，吐蕃王朝为她举行隆重的葬礼，唐遣使臣赴吐蕃吊祭。至今拉萨仍保存藏人为纪念她而造的塑像，距今已 1300 多年历史。

青海省玉树县也建有文成公主庙。庙中央的文成公主坐像，端坐于狮子莲花座上，身高 8 米，形象生动，雕刻精细。这里一年四季香火不断，酥油灯昼夜长明，前来朝拜的藏汉群众络绎不绝。相传文成公主前往拉萨途中，曾在此地停留很长时间，受到当地藏族首领和群众的隆重欢迎，她深受感动，便决定多住些日子，并教给当地群众耕作、纺织技术。现文成公主庙已被列为国家级文物保护单位。

开元盛世

唐玄宗开元年间（713—741 年）政局稳定，一派经济繁荣、文化昌盛、国力富强的局面。

开元年初，唐玄宗还命人烧毁宫内一批珠玉锦绣，表示不再用奢华物品。同时唐玄宗是个励精图治的皇帝，颇思有所作为，能够任用贤能，进行一些改革。如任用了宰相姚崇、宋璟、张九龄等人，都是有名的忠臣，中国封建社会呈现前所未有的盛世景象。这些改革措施，使开元间的政局为之一新，史称"开元之治"（"开元之治"与"开元盛世"有一定的区别）。

从公元 7 世纪初至 9 世纪末约两个半世纪里，日本为了学习中国文化，先后向唐朝派出十几次遣唐使团。其次数之多、规模之大、时间之久、内容之丰富，可谓中日文化交流史上的空前盛举。遣唐使对推动日本社会的发展和促进中日友好交流做出了巨大贡献，这就是有名的遣唐使。

海上丝绸之路的开通

初唐时期，高宗龙朔元年（661 年），广州设立第一个市舶司以管理海上贸易，作用即同今之海关。

与中国通商的国家：赤土、丹丹（今马来西亚吉兰丹）、盘盘、真腊、婆利。

中唐之后，西北丝绸之路阻塞，华北地区经济开始被南方全面超过，华南地区经济日益发展，海上交通开始兴盛。与中国通商的国家：拂菻、大食、波斯、天竺、狮子国、丹丹、盘盘、三佛齐。

航路：由广州启航，经海南岛、环王国（今越南境内）、门毒国、古笪国、龙牙门、罗越国、室利佛逝、诃陵国、固罗国、哥谷罗国、胜邓国、婆露国、狮子国、南天竺、婆罗门国、新度河、提罗卢和国、乌拉国、大食国、末罗国、三兰国。

唐人 600 人移民海外。

唐人杜佑对历代南海交通做了个总结："元鼎（前116－前111年）中遣伏波将军路博德开百越，置日南郡，其徼外诸国自武帝以来皆献见。后汉桓帝时，大秦、天竺皆由此道遣使贡献。及吴孙权，遣宣化从事朱应、中郎康泰奉使诸国，其所经及传闻，则有百数十国，因立记传。晋代通中国者盖鲜。及宋、齐，至者有十余国。自梁武、隋炀，诸国使至逾于前代。大唐贞观以后，声教远被，自古未通者重译而至，又多于梁、隋焉。"

胡 商

边城暮雨雁飞低，芦笋初生渐欲齐。

无数铃声遥过碛，应驮白练到安西。

唐代诗人张籍的这首《凉州词》，给我们展现出这样一幅生动的丝绸之路图景：边城、大漠、驼铃声声，迤逦西行的蕃商驼队。诗中的安西，即唐朝在西域所设的安西都护府，治所在龟兹（今新疆库车）。蕃商亦作番商，在唐代文献中又称贾胡、胡客、蕃客，主要指阿拉伯、波斯穆斯林商人。这些蕃商中，有许多人因长期在中国经商，最后定居下来，成为回族的先民。

长安作为唐朝的政治中心，世界性大都会，商贾众多。唐高宗时有邹凤炽，玄宗时有王元宝，昭宗时有王酒胡，他们是唐代前、中、后期的巨富代表。三人之外，杨崇义、郭万全与王元宝齐名；刘逸、李闲、卫旷"家室巨豪"；任令方、王步、张高等人富比侯王；在地方，扬州有王四舅，江陵有郭七郎，成都郭知微、王处回等，资产雄厚，不可胜计。这里说一下中唐首富王元宝。

中唐首富王元宝

王元宝，唐朝开元间人，富可敌国，靠贩运琉璃发家。王元宝的许多生活习惯如正月初五拜财神，吃发菜等等对于中国民风民俗有深刻的影响，流传至今。

1. 王元宝的发迹史

对于王元宝的发迹史，唐代李亢在《独异志》中这样记载：

> 开元间，有长安贩夫王二狗者，尝往返淄郡贩丝，微利也。一日，孤馆遇盗，财物尽失。二狗叹曰：天不助我。遂悬梁欲自尽。冥冥中见一老者，锦衣玉带，头戴朝冠，身穿红袍，白脸长须，温文尔雅，左手"如意"，右手"元宝"，高祖赐封财帛星君李相公是也。星君曰："尔当大富贵，岂可轻生！不闻淄州出琉璃乎？"又舍元宝一枚，乃去。二狗遂贩琉璃，成长安首富。又感念星君所赐，易名元宝。

琉璃在晋代就已经应用于建筑。东晋郭澄之的《郭子》中就写了这样一个故事：满奋，字武秋，高平人。畏风。在晋武坐，北窗有琉璃扇，实密似疏，奋有难色，帝乃笑之。奋曰："臣乃吴牛，见月而喘。"

到了唐代，琉璃仍然是非常稀有的建筑装饰材料。唐懿宗年间中进士的王棨曾奉旨写过一篇《琉璃窗赋》：

> 彼窗牖之丽者，有琉璃之制焉。洞彻而光凝秋水，虚明而色混晴烟。皓月斜临，陆机之毛发寒矣；鲜飙如透，满奋之神容凛然。始夫创奇宝之新规，易疏寮之旧作。龙鳞不足专其莹，蝉翼安能拟其薄。若乃孕美澄凝，沦精灼烁。栋宇廓以冰耀，房栊炯其电落。深窥公子，中眠云母之屏；洞见佳人，外卷水精之箔。

> 表里玲珑，霜残露融。列远岫以秋绿，入轻霞而晚红。满榻琴书，杳若冰壶之内。

盈庭花木,依然瑶镜之中。故得绣户增光,绮堂生白。睹悬虱之旧所,疑素蟾之新魄。碧鸡毛羽,微微而雾,旁笼;玉女容华,隐隐而银河中隔。几误梁燕,遥分隙驹。比曲棂而顿别,想圭窦以终殊。迥以视之,虽皎洁兮斯在;远而望也,则依微而若无。由是蝇泊如悬,虫飞无碍。光寒而珠烛相连,影动而琼英俯对。

不羡石崇之馆,树列珊瑚;岂惭韩嫣之家,床施玳瑁。如是价重琐闼,名珍绮疏。

彻纱帷而晃朗,连角簟而清虚。倘微其形,王母之宫可匹;若语其巧,大秦之璧焉如。然而国以奢亡,位由侈失。帝辛为象箸於前代,令尹惜玉缨於往日。其人可数,其类非一。何用崇瑰宝兮极精奇,置斯窗於宫室。

从琉璃在唐朝的珍贵程度,可以推测贩运琉璃的利润有多大。掌握稀有资源,奇货可居,这应该是王元宝发家致富的诀窍。

2. 王元宝的财富

对于王元宝的财富规模,《独异志》有这样的描写:

玄宗尝召王元宝,问其家私多少。对曰:"臣请以一缣系陛下南山一树,南山树尽,臣缣未穷。"

玄宗御含元殿,望南山,见一白龙横亘山间。问左右,皆言不见。令急召王元宝问之,元宝曰:"见一白物,横在山顶,不辨其状。"左右贵臣启曰:"何故臣等不见?"玄宗曰:"我闻至富可敌贵。朕天下之贵,元宝天下之富,故见耳。"

王元宝是著名的收藏家。王元宝收藏有一皮扇子,制作甚佳。每暑月宴客,即以此扇子置于座前,使新水洒之,则飒然风生,巡酒之间,客有寒色,遂命撤去。《朱子语类》卷94记载:明皇亦曾差中使去取看,爱而不受,帝曰:"此龙皮扇子也。"

王元宝的住房极为奢华。据说他家的房子以金银叠为屋壁，宅中的礼贤室以沉檀为轩槛，以碌砆甃地面，以锦文石为柱础，并把铜钱当地板砖，铺在后花园的小径上，称这样可以防滑。

3. 王元宝与中国传统民俗

中国民间有正月初五拜财神和财神爷巡游民间送福送财的习俗，据说都与王元宝有关。

王元宝发迹之后，吃水不忘打井人，念念不忘财神爷。家里供奉的是财神爷，商号里祭拜的是财神爷。他还在长安捐善款建造了财帛星君庙，聘请国内高道主持，四时供奉，香火旺盛。每年正月初五商号开张这天，他都要早起到财帛星君庙上第一炷香。于是人们纷纷效仿，也都在正月初五清晨到财帛星君庙上香，有时甚至连唐玄宗皇帝都到星君庙上香。初五之后还要出巨资，请财神爷到长安大街小巷巡游，巡游路上财神爷由招财童子和利市仙官护卫，招财童子和利市仙官还要给路人分发彩头或利是，吸引百姓踊跃尾随，争抢彩头、利是。沿街商铺则摆上贡品，点上高香，迎接财神爷进门。财神爷路过家门时，商家要燃放鞭炮，三拜九叩，为财神爷献上随喜钱。大的商号还要请财神爷驻足，为财神爷举办盛大的祭祀活动，放鞭鸣炮，迎请财神爷降临，同时邀请民间剧团为财神爷唱戏。当时的长安，每到正月初五这一天，家家户户迎神。各个店铺闻鸡鸣即起，开始接神，放鞭鸣炮，在招幌上挂红布，庆祝开市大吉，共喝财神酒。王元宝的祭品中喜欢用一条黄河大鲤鱼。老百姓以为鲤为"利"的谐音，所以称鲤鱼为"元宝鱼""活元宝"。长安街头每逢初五早上必有叫卖元宝鱼者，各店铺争购，用线穿鱼脊并挂在房梁上，鱼头朝内，身上贴红纸元宝，寓意可以"招财进宝"。长此以往，这种风俗传播到全国各地，形成了正月初五拜财神和财神爷巡游民间送福送财的习俗。

当时长安流传民谣：正月初五上炷香，一年四季财源广；正月初五摸元宝，大钱小钱用不了；正月初五请财神，家家户户财源滚；正月初五神进门，五谷丰登福满门。

北京有民谣《爆竹一声把张开》：鞭炮一响把张开，招财童子两边排；增福财神中间坐，增福增禄又增财。一撒金，二撒银，三撒骡马成了群，四撒摇钱树，五撒聚宝盆，五子登科六六顺。

邯郸地区有民谣《正月初五迎财神》：

爆竹一响把门开，增福相公进家来。

相公本是天上仙，家住淄川五松山。

相公是咱曲周人。阴阳两界都为神。

左如意，右元宝，财也来，福也到。

左青龙，右白虎，福禄寿喜进我府。

上管官，下管民，管了福禄管财运。

一撒金，二撒银，撒完摇钱树，再撒聚宝盆。

保你五谷丰登收成好，保你五子登科六六顺。

清人顾铁卿《清嘉录》中引了一首蔡云的竹枝词，也描绘了苏州人初五迎财神的情形："五日财源五日求，一年心愿一时酬；提防别处迎神早，隔夜匆匆抱路头。"

王元宝还是一个著名的慈善家。据史书记载，每年大雪之际，他都会让仆人到巷子里扫雪，并拿出餐具酒炙，为来往之人作驱寒之用。此外，王元宝常常延约四方名士，朝之名寮，往往出于门下。每年的科举考试之前，众多士子都会受到王元宝的款待。

王元宝嗜吃发菜，每餐都要有一盘发菜佐食。长安城中商人都以为王元宝的发迹，是吃了发菜的缘故。所以纷纷仿效食用，并让厨师做成金钱形状，寓意"发财致富"。从此，"酿金钱发菜"世代流传。直至新中国成立前的西安，还有些富商大贾举办宴席，第一道菜，多是"酿金钱发菜"。寓意是讨个吉利，祝愿发财。港、澳、台同胞和海外侨胞特别喜欢发菜，不惜以重金购买馈赠亲朋或制作佳肴。在海外，它常常被作为第一道菜，象征着四季发财，生意兴隆，因而被视为逢年过节馈亲待友的珍肴。

盐商王仙芝起义

874年（乾符元年）末，濮州（河南范县濮城）人私盐贩王仙芝在长垣（河南长垣东北）起义，发布檄文，指斥唐政府官"吏贪沓，赋重、赏罚不平"。王仙芝自称"天补平均大将军"。这表明他要替天行道，改变财富不均的社会现实。同年六月，起义军攻陷濮州、曹州（山东曹县），击败唐天平节度使薛崇。次年，黄巢亦聚众响应。

盐商黄巢率众起义

黄巢出身盐商家庭，善于骑射，粗通笔墨，少有诗才，"黄巢五岁侍翁，父为菊花连句，翁思索未至，巢随口应曰：'堪于百花为总首，自然天赐赫黄衣。'巢父怪，欲击巢。乃翁曰：'孙能诗，但未知轻重，可令再赋一篇。'巢应之曰：'飒飒西风满院栽，蕊寒香冷蝶难来。他年我若为青帝，报与桃花一处开。'"（宋•张端义《贵耳集•卷下》）但成年后却屡试不第。王仙芝起义前一年，关东发生了大旱，官吏强迫百姓缴租税，服差役，百姓走投无路，聚集黄巢周围，与唐廷官吏进行过多次武装冲突。乾符二年（875年），王仙芝、尚让等在长垣（今河南长垣东北）起兵。黄巢在冤句（今山东菏泽市西南）与子侄黄揆和黄恩邺等八人起兵，响应王仙芝。

黄巢起义是中国历史上的一场相当重要的农民起义运动，是对王仙芝起义的延续，是唐代历史上规模最大的农民起义，直接打击了唐朝政府的腐朽统治，冲击了最高统治者，加速了唐朝的灭亡。

唐朝"回回"商人

当时，由丝绸之路来华的阿拉伯、波斯穆斯林商贾，主要活动在唐朝首都长安（今西安）及开封、洛阳等地。作为丝绸之路起点的长安，是当时世界上最繁华的商业都市，人口逾百万，商业发达，共有 9 市 12 大街，像磁石一样吸引着阿拉伯等地的商人。在长安进行贸易的蕃商日益增多，以致唐政府在长安专门设置"互市监"，加强对他们的管理。长安的西市是蕃商集中进行交易的地方，有衣肆、药材肆、绢行、帛行、金银行、胡店、波斯邸、波斯店等。其中阿拉伯、波斯商人的胡店、波斯邸、波斯店特别引人注目，他们主要操纵着西市珠宝、香药市场，并左右对外贸易。《太平广记》中，就记载有西市蕃商开设的香药铺等事。中唐以后，西北陆路交通不畅，东西贸易的海上通道转而兴盛。

唐朝经济发展，有利于海上丝绸之路的拓展和畅通。由阿拉伯至中国的海上交通较之以往大为扩展，成为当时世界上最长的远洋航线。其航路自巴格达起，经波斯湾东出霍尔木兹海峡，穿过印度洋，经斯里兰卡、尼科巴群岛绕马来半岛，由南海而至广州、泉州或扬州。约在 8 世纪中叶到 9 世纪中叶的近百年中，随着阿拉伯帝国的国势鼎盛，阿拉伯人、波斯人垄断并控制了东西方之间的这一海上通道。

唐代船舶聚众者，首推珠江畔之广州。穆斯林商人乘坐的"波斯舶""西域舶"出入广州最多，频次也最高。港口帆樯林立，货物山积。因而唐代管理互市贸易的市舶司，乃始置于广州。

约在贞观年间，唐政府又在福州和扬州设二路市舶司。福州是阿拉伯商船停靠的重要港口，据《福州府志》记载，这时钟门海口，蕃夷所到，"船舶之都会也"。扬州居长江与运河之交叉点，水陆交通四通八达，有着适宜于海运的优越条件，中唐时，蕃商已经由海上直航到扬州了。因扬州是唐代最繁华的商业都市之一，故有大量蕃商经常活动于此，人数可能在数千人以上。《太平广记》中就记载了扬州波斯胡店、蕃商的不少情况。

泉州东南濒临大海，沟阔港深，自唐中期海上交通得到迅速发展，外商船舶云集港口，出现了"云山百越路，市井十洲人"的繁荣景象。至晚唐时，泉州在海外交通中的地位日渐重要，遂与广州、交州、扬州并称为东南四大贸易港。

唐代蕃商运进来的商品主要为象牙、犀角、珠玑、香料，以及林林总总的各国特产，运出去的商品以丝织品和陶瓷为大宗，此外还有铁、宝剑、马鞍、貂皮、麝香、沉香、肉桂等。

宋代，蕃商继续活跃于陆上、海上丝绸之路，不少人留居于中国。各处蕃商中，以大食（即阿拉伯）商人的地位最重要。宋人著作中明确记载道："诸蕃国之富盛多宝货者，莫如大食国。"

当时，蕃商在中国经常居留的地方，主要为广州、泉州、杭州三大城市。广州仍然是海外贸易第一大港，蕃舶云集，商业繁盛。蕃商居留地在广州西城，称为蕃坊或蕃巷，有时又称蕃市。蕃坊有蕃长，是从蕃商中简选的，由中国政府任命，主要职责为管理蕃坊，招邀蕃商。

第七章　宋朝陆上丝绸之路繁荣荡然无存 海上丝绸之路悄然兴起

东南形胜,三吴都会,钱塘自古繁华。烟柳画桥,风帘翠幕,参差十万人家。云树绕堤沙。怒涛卷霜雪,天堑无涯。市列珠玑,户盈罗绮竞豪奢。

重湖叠𪩘清嘉。有三秋桂子,十里荷花。羌管弄晴,菱歌泛夜,嬉嬉钓叟莲娃。千骑拥高牙。乘醉听箫鼓,吟赏烟霞。异日图将好景,归去凤池夸。（柳永《望海潮·东南形胜》）

这首词歌颂了杭州山水的美丽景色,赞美了杭州人民和平安定的欢乐生活,反映了北宋结束五代分裂割据局面以后,经过真宗、仁宗两朝的休养生息,所呈现的繁荣太平景象。

和这首词有异曲同工之妙的是孟元老《东京梦华录》记载:"太平日久,人物繁阜。垂髫之童,但习鼓舞;斑白之老,不识干戈。……举目则青楼画阁,绣户珠帘。雕车竞驻于天街,宝马争驰于御路。金翠耀目,罗绮飘香。新声巧笑于柳陌花衢,按管调弦于茶坊酒肆。……集四海之珍奇,皆归市易;会寰区之异味,悉在庖厨。花光满路,何限春游?箫鼓喧天,几家夜宴。伎巧则惊人耳目,侈奢则长人精神。"这虽然是记录都城汴京的景象,但也可以看出当时国内确有"太平气象"。

让我们沿着历史的蛛丝马迹，寻找宋朝的丝绸之路商旅吧。

黄袍加身

公元960年，后周大将赵匡胤在陈桥驿黄袍加身，建立宋朝，定都汴梁，后改为东京（开封），并设陪都南京（商丘）、西京（洛阳）。宋太祖所面临的另外一项事业就是统一全国。赵匡胤在与赵普雪夜商讨后，决定以先南后北为统一全国之步骤。

赵匡胤首先行假途灭虢之计，灭亡了南平和楚。之后又灭亡后蜀、南汉、南唐三国。太祖一心希望统一全国，还设立封桩库来储蓄钱财布匹，希望日后能够从辽朝手中赎买燕云十六州。开宝九年（976年）八月，太祖再次进行北伐。但十月十九日太祖忽然去世，留下"烛影斧声"的历史疑案。其弟赵光义忙于即位，全国统一事业暂告停止。

| 赵匡胤

宋太宗赵光义

宋太祖弟赵光义即位，即宋太宗。赵光义稳固统治地位后，继续国家统一事业，先是割据福建漳、泉两府的陈洪进及吴越钱氏归降，其后再灭亡北汉。太平兴国四年(979年)五月，赵光义不顾大臣反对，趁灭亡北汉的余威，从太原出发进行北伐。起初一度收复易州和涿州。赵光义即位之事颇有疑云，是为"烛影斧声"事件，民间也一直传说赵匡胤是被赵光义害死的。为确保政权的合法性，赵光义抛出其母杜太后遗命之说，即"金匮之盟"。

后来赵光义先后逼死太祖之子赵德昭和赵德芳，又贬黜赵廷美到房州，两年后赵廷美就死于谪所。赵光义长子赵元佐也因为同情赵廷美而被废，另一子赵元僖暴死，最后襄王赵元侃被立为太子，改名恒。至道三年（997 年），赵光义驾崩，李皇后和宦官王继恩等企图立元佐为帝。幸亏宰相吕端处置得当，赵恒才顺利即位，庙号真宗。宋朝也开始进入全盛时期。赵光义本人附庸风雅，喜好诗赋，政府也因此特别重视文化事业，宋朝重教之风因此而开。赵光义还喜好书法，善草、隶、行、篆、八分、飞白六种字体，尤其是飞白体。连宋朝的货币淳化元宝上的字也是他的亲题。

唐朝灭亡后，中国进入了大动荡、大分裂的五代十国时期。半个世纪的割据战争，使得社会生产力遭到极大破坏，中西交通长期被阻隔。公元 960 年，北宋王朝建立后，虽然统一了中原各地，但此时辽朝建国于北，西夏割据于西，河西走廊为西夏所控制，而西域地区则为我国回纥等族建立的哈拉汗王朝统治，丝绸之路被分割于几个相互对立的国内几个政权的境内。在这段时期内，丝绸之路仍然还存在着、发展着，商队、使者仍在往来，但昔日的繁荣已荡然无存。

宋朝的商业政策

秦汉以来，抑商思想一直占统治地位。儒家学说中惯常把国民分为士、农、工、商四种，"商"被排至最后，商业不仅得不到统治者鼓励，反而受到种种政策法令的抑制。随着生产力的发展，经济越来越繁荣，宋代商人的经济实力大大增强，商业发展十分迅速。国家通过禁榷和商税所得的收入在财政总收入中占有举足轻重的高比例。因此国家必须与商贾合作，充分发挥其积极性，把垄断利润的一部分让给商人，把某些不适合官僚机构直接经营的环节交给商人经营，这样既可以适应多变的社会环境，又能使禁榷机构、人员得到精简，禁榷收入也将成倍增加。宋朝在制定新的盐、酒、茶法时，往往召集商人讨论，注意照顾商人利益，就是贯彻了"官商分利"的原则。随着商业的发展，作为国家财政支柱的禁榷收入愈来愈依赖于商人的合作。作为一个有较大贡献的社会阶层，官方对他们的态度有所改变。朝廷颁布了一系列的法令以保护商人的合法经营与获利，并允许商人子弟品行才能出众者参加科举考试，这是前所未有的。宋代这种重商思想的产生，是生产力发展的必然结果，同时又对生产力的发展及社会的全面进步起着很大的推进作用。

中国古代历朝都是重农而抑商的，但宋朝是个例外，应该叫重农扶商。

宋朝相对开明的工商业政策，使这个时期的工商业得到大幅度发展，商人的地位也大幅上升，甚至可以和贵族平起平坐，但是所谓贵族都是有很多封地的大地主。

陶瓷之路

隋唐的耀眼繁华过后，大宋王朝一路蹒跚着走进了中国历史。隋唐时期商队络绎的丝绸之路沉寂了许多，好似一首高亢的军歌降低了调门，在宋代变成低吟浅唱，继续着它黄沙漫漫、步履匆匆的行程。

比起盛唐，北宋的疆域很小，国力很弱。北宋舍弃洛阳和西安，将开封作为都城，便给人一种错觉，丝绸之路好似断了线的风筝，飞离了人们的视线。其实不然。北宋著名画家张择端的《清明上河图》中有市井繁华，有手工业发达的明证，画中的丝绸店分明在提醒我们，北宋王朝没有割断丝路，而是用自己的方式延续了丝路，让丝路上的花雨依然飞舞，顽强地挤进人们的记忆。

虽然不再是国都，但洛阳仍是世界经济文化中心之一，是丝绸之路上的重要一站。北宋时期，洛阳虽然只是陪都，但它是除国都之外最大的文化、经济中心，而洛阳繁华阜盛的市井生活在同时期的诗文及绘画中也有生动的体现。现在的中学课本里有篇文章，写北宋一个大臣抱怨世风奢靡时说："现在的农夫走卒居然也穿上了丝质的鞋子。"可以想见，北宋时期的洛阳真是个繁花似锦、遍地黄金的去处。

1000 多年前，洛阳就是北宋王朝的手工业基地之一。就拿丝织业来说，洛阳有官营的织锦院，民间织锦业也十分发达。史料记载，贤相坊有一个姓李的织工"能花打装缬，众谓之李装花"。

洛阳还是瓷器的烧制中心和集散地。北宋时期，洛阳的宜阳窑、新安窑是地方名窑，这里烧制的瓷器和当时汝窑生产的瓷器摆满了洛阳的商铺。在宋代，丝绸和瓷器仍是"出口"西域的主要商品。

因为丝绸的西输，有了一条丝绸之路；又因为瓷器的西输，丝绸之路又被学者称为陶瓷之路。丝绸的柔，瓷器的润，成就了北宋时期的洛阳，让它在隋唐之后，依然保持着强者的姿态。因此，作为北宋的西京，洛阳仍是西方各国商人和使节东来的必经之地，是中西陆路交通线上非常重要的一站。

北宋时期的丝绸之路虽然受到西夏的侵扰，但仍不断地将先进的科技文化成果传播到世界各地，茶叶的交易在这一时期也尤为突出。

毕昇和活字印刷

中国古代的四大发明，在宋代开始广泛应用。

印刷术发明以前，书籍的流传全靠手抄。北宋平民毕昇发明了活字印刷术后，通过海上丝路，中国的印刷术传到了朝鲜、日本，经由丝绸之路传到了波斯和埃及，再传入欧洲，将人们从繁重的抄写中解脱出来。

| 毕昇活字印刷

指南针与航海

据中国古典文献记载，在宋朝元符年间（1098—1100年），中国海船已经用罗针导航；到了南宋中期，海船普遍用罗针导航；当时掌管船只航行方向的舟师都备有秘密的海道针经，详细列出从广州或泉州往返西洋各地的针路。

中国人最早发明了指南针，并将其应用于航海。宋时的朱彧在《萍洲可谈》中记载，当时航海的人辨别方向就是用指南针。当时，一些阿拉伯商人和波斯商人经常搭乘宋人的渔船往来贸易，他们发现指南针十分神奇，便央求宋人教他们如何制作。慷慨的宋人不仅让远道而来的客人学会了制作指南针的方法，还把这一发明通过丝绸之路传到了欧洲。

榷 场

宋太宗赵炅时期，宋辽间就已在宋境的镇州（今河北正定）等地设置榷场，不久即因宋辽战争而罢。

澶渊之盟后，宋辽之间，主要有在宋境的雄州(今河北雄县)、霸州(今河北霸州)、安肃军(今河北徐水)、广信军(今河北徐水西)等河北四榷场，以及辽境的新城(今河北新城东南)榷场。

宋夏之间，先于景德四年(1007年)在保安军(今陕西志丹)置榷场互市，后来又在镇戎军(今宁夏固原)等地置榷场。

在宋仁宗赵祯、宋神宗赵顼等各朝，都曾因战争而一度废罢。

辽夏间则有在辽境的振武军(今内蒙古和林格尔西北)榷场。

金朝立国，于1141年与南宋订立和约，划定疆界。

此后，宋金之间先后在宋境的盱眙军(今江苏盱眙)、光州 (今河南潢川)，安丰军花靥镇(今安徽寿县西北)、枣阳军(今湖北枣阳)以及金境的泗州(今江苏境内)、寿州(今安徽凤台)、蔡州(今河南汝南)、唐州(今河南唐县)、邓州(今河南邓州)、颍州(今安徽阜阳)、息州(今河南息县)、凤翔府(今陕西凤翔)、秦州(今甘肃天水)、巩州(今甘肃陇西)、洮州(今甘肃临潭)等地置立榷场。

金夏间榷场，则主要在金境的兰州(今甘肃兰州)、保安州(今陕西志丹)、绥德州 (今陕西绥德)，以及东胜州 (今内蒙古托克托)、环州(今甘肃环县)等地。

此外，辽朝于保州(今辽东丹东市东)等地，金朝于西京大同府(今山西大同)西北过腰带、银瓮口等地亦设有榷场，与高丽及周边民族开展互市贸易。

榷场贸易的对象

中原及江南地区向北方输出的主要是农产品及手工业制品以及海外香药之类。

辽、金、夏地区输往南方的商品则有牲畜、皮货、药材、珠玉、青白盐等。

榷场贸易受官方严格控制。官府有贸易优先权。

榷场领辖于所在地区的监司及州军长吏，又另设专官，稽查货物、征收商税。

宋金榷场制度，小商人 10 人结保，每次携一半货物到对方榷场交易。

大商人悉拘之，以待对方商贡前来。

榷场商税是官府一笔不小的财政收入。

还有官牙人评定货色等级，兜揽承交，收取牙税。

交易双方须由官牙人从中斡旋，不得直接接触。

各政权对榷场交易的商品种类也有严格规定。

如北方的战马，南方的铜铁、硫黄、焰硝、箭筈之类军用物资，一般都严禁出境。

虽然当时民间走私贸易十分活跃，榷场贸易仍是不同政权各地区之间经济交流的重要途径。

茶马互市

说到宋代的丝绸之路，不能不说茶叶。茶叶在宋代广泛种植，史籍中有"茶兴于唐，盛于宋"的说法。南宋文学家吴曾在笔记《能改斋漫录》中说"蜀茶总入诸蕃市，胡马常从万里来"，就是描写北宋设置蕃市、交易茶叶的状况。

蕃市的设置，是宋代丝绸之路得以延续的重要依托。蕃市是宋人与西域人茶马互市的场所。蕃市最初设置在丝绸之路东段关陇中道上的原渭、镇戎、德顺州境内。由于当时西夏人频频侵扰，北宋不得已在丝绸

茶马互市

之路沿线多处"布点"，方便宋人与西域人进行贸易。黄沙古道上，西域人用马匹与宋人交换茶叶、丝绸，除部分自用外，绝大部分转运至中亚、西亚、欧洲等地销售。这一时期，丝路之上商贾往来频繁，贸易相当活跃。通过丝绸之路，西夏、吐蕃、回鹘、于阗、龟兹、波斯、印度、东罗马等国的使节以及毛皮、牲畜、玉石、香料等不断地由洛阳和开封进入北宋腹地，北宋的丝绸、茶叶、金银器皿、书籍等也源源不断地流向西方。

宋室南迁后，与西方的陆上交通被阻断，茶马贸易才逐渐减少。

行勤、继业西行取经

丝绸之路更深层的意义在于文化的交流，行走在丝路上的僧侣，默默地扛起了文化交流的重担。

在中国封建史上，宋太祖赵匡胤可以说是为数不多的杰出帝王之一，他扭转了长期以来中国社会形成的重武轻文之风，使宋代的文化空前繁荣，通过丝绸进行的文化交流日益频繁。让我们先看看僧侣们为文化传播做出了怎样的贡献。

公元 966 年，一介武夫出身的赵匡胤已当了 6 年的皇帝。重文轻武的他酝酿已久，要效仿唐太宗派唐玄奘到西方取经，命行勤、继业两位高僧组织一个由 157 人组成的庞大巡游使团，前往天竺(今印度)求法取经。

这个巡游使团是宋朝建立后第一个官方派遣的佛教使团，也是古代中原地区见诸经传的前往天竺取经的最后一个佛教使团，同时也是有文字可考的规模最大的赴天竺求法取经的使团。

他们这一去，就是 12 年。在这 12 个年头里，他们一直与丝路相伴，与飞扬的黄尘为伍。和唐玄奘当年的形单影只相比，他们的寂寞可能算不了什么。而同是到西天取经，吴承恩却以唐玄奘为主角，创作了流芳百世的《西游记》，从这一点来说，北宋时的行勤、继业等是寂寞的。我们可以想象，一群表情严肃的僧侣伴着单调的驼铃声，在路上默默地走着，像一团灰色的云终年漂泊在丝路上，给浪漫的丝路平添了几丝落寞。

这支西行取经的队伍最终不辱使命，除了巡视佛祖圣地、拜访名僧、求法取经之外，他们还有更为重要的政治使命，即与所经过的各国建立友好关系。他们一直向西，最后渡过恒河到达印度。每到一地，当地首领不仅热情地接待他们，还派人随行前往引导，与所经国家或地区进行友好往来。

公元 971 年，巡游使团成员沙门建盛准备先行回国，中天竺王子曼殊对北宋充满向往，也随之同往中原朝宋。此后，天竺僧人持梵夹来献者，不绝于旅。行勤和继业等回国时，捎回了天竺国王没徙曩给宋朝皇帝的信。两人分别著有《西天路竞》《继业行程》，特别是《继业行程》被誉为"一部写在佛经角上的西域纪程",详尽地记录了宋代葱岭以东丝绸之路的路线。

由于印度与北宋相隔万里,交通十分不便,因此宋人由印度回国时,常常被"借"充当印度使者。太平兴国七年(982年),益州僧人光远自印度归宋,奉天竺国王没徙曩的命令,将释迦舍利献给了宋太宗;雍熙年间,卫州僧人辞浣经西域回国,与回鹘僧人密坦罗同奉北印度国王及金刚坐国王那烂陀书进献。

有趣的是,北宋时,还有两名印度僧人被作为"礼品"进献。熙宁五年(1072年),吐蕃首领木征进献给宋神宗两名天竺僧人。次年四月,宋神宗"诏以使臣引伴住五台山,从其请也"。看来宋廷对这种"礼品"还是比较珍重的。

北宋时期,洛阳画家名扬海外,高丽人、日本人为了求画,忍受颠簸之苦,漂洋过海来到洛阳,一时洛阳纸贵,北宋画家的作品大量流向高丽、日本。北宋末年,洛阳画家韩若拙被称为画坛第一人,求画之人甚多。高丽人也非常喜欢他的画,就派遣使者邀请他前往高丽。遗憾的是,他未能成行就一病不起,驾鹤西去。

宋　瓷

宋代是中国的瓷器艺术臻于成熟的时代。宋瓷在中国陶瓷工艺史上,以单色釉的高度发展著称,其色调之优雅,无与伦比。当时出现了许多举世闻名的名窑和名瓷,被西方学者誉为"中国绘画和陶瓷的伟大时期"。在灿若繁星的宋代各大名窑中,景德镇青白瓷以其"光致茂美""如冰似玉"的釉色名满天下,而其中以湖田窑烧造的青白瓷最为精美,冠绝群窑。它的胎土采用当地高岭土,素白细密,洁净紧实,经过一道道繁复的工序,成就了冰肌玉骨、秀色夺人的艺术效果。烧造出的青白

|瓷器

釉瓷器色泽莹润，清素淡雅，纯净细腻。

宋代是中国陶瓷发展的辉煌时期，不管是在种类、样式还是烧造工艺等方面，均位于巅峰地位。难怪当代陶瓷收藏高手对手中的每一款宋代瓷器都会爱不释手：钧瓷的海棠红、玫瑰紫，好似晚霞般光辉灿烂，其"窑变色釉"釉色变化如行云流水。汝窑造型最丰富，来源于生活，如宫中陈设瓷，瓷釉显得晶莹柔润，犹如一盅凝脂。翠绿晶润的"梅子青"是宋代龙泉窑中上好的青瓷。被美术家誉为"缺陷美"和"瑕疵美"的宋代辞瓷（又名冰裂、断纹）令人玩味无穷，其"油滴""兔毫""玳瑁"等结晶釉正是宋人的创举。宋代定窑的印花、耀窑的刻花是瓷器装饰手法的新贡献。唐、五代时期窑工们创造的越窑如冰似玉的"千峰翠色""秋色"和邢窑白瓷，已不能同宋瓷争高低了……

当时瓷器在运送的过程中容易破碎，丝路商人就把陶瓷里面装上

瓷器 |

泥土，外表涂满泥土，为了避免丝路强盗和运送安全，宋朝开发了南方海上丝绸之路。

北宋商人

宋代商人人数众多，来源广泛，在农民、手工业者、官员、僧侣和市侩中都有成为大商人的例子。商人的社会地位也比以前提高很多。

官员经商是宋朝的普遍现象，其中不乏宰相、枢密使等高官。北宋初宰相王溥的父亲王祚就因善经营而家累万金。

东京资产达百万的富商很多，超过十万的比比皆是。著名的有"大桶张氏"等。许多士大夫也贩运货物牟取暴利。传统的轻商观念被打破，商人取得了齐民的资格，成为国家四民之一（士农工商）。

海上丝绸之路的繁荣，为大宋王朝悲怆的背影添上一抹亮色

赵匡胤通过兵变当上了皇帝，因怕别人效仿，他执政后将军权紧紧抓在手中，使得将不识兵，兵不识将，宋朝军队的战斗力大大削弱，国土频受外族侵扰。金国于1127年灭北宋，宋高宗赵构在南京应天府即位，后逃往临安，长期偏安江南，建立了南宋。但丝路没有因为政权的变更而断绝，这时，海上丝路发挥了巨大作用。

古代中国与外国进行贸易和文化交流的海上通道，是唐宋以后中外交流的主要通道之一。宋朝统治时期，绝大多数时候都与东南沿海国家保持着友好关系。

海上丝路留下了大量印记，泉州洛阳桥便是其中之一。宋元时期兴起的海上丝路，泉州即是起点，商贸往来大都通过洛阳桥。从其名字判断，洛阳桥似乎应该在洛阳，但它为何在泉州？原来，由于唐朝后期社会动荡不安，战争时有爆发，造成大量中原人南迁。而迁到泉州的多为

河洛地区的人，思念故土的游子看到泉州的山川地势很像故乡洛阳，就命名了一条江为"洛阳江"，修了一座桥叫"洛阳桥"。来到泉州的洛阳人，带来中原先进的手工业技术，促进了当地的经济发展，因此泉州成为海上丝路的起点，大宋王朝的丝织品、陶瓷、茶叶和外来的香料、珊瑚、琉璃、玳瑁等货物，通过海上丝路不断地流通。

宋朝海上丝路

北宋先后在广州、临安府(杭州)、庆元府(明州，今宁波)、泉州、密州板桥镇(今胶州营海镇)、嘉兴府(秀州)华亭县(今松江)、镇江府、平江府(苏州)、温州、江阴军(今江阴)、嘉兴府(秀州)澉浦镇(今海盐)和嘉兴府(秀州)上海镇(今上海市区)等地设立市舶司专门管理海外贸易。其中以广州、泉州和明州最大。泉州在南宋中期更一跃成为世界第一大港和海上丝绸之路的起点。

与中国通商的国家：占城(今越南中部)、真腊(今柬埔寨一带)、三佛齐 (今马来西亚、新加坡、印尼苏门答腊爪哇)、吉兰丹 (今马来西亚)、渤泥(今文莱一带)、巴林冯(今印尼巨港)、兰无里(今印尼苏门答腊)、底切、三屿 (今菲律宾北部)、大食 (今沙特阿拉伯麦地那一带)、大秦(东罗马帝国或拜占庭帝国)、波斯(今伊朗法尔斯一带)、白达(今伊拉克巴格达)、麻嘉(今沙特阿拉伯麦加)、伊禄(今伊拉克)、故临(今印度一带)、细兰(今斯里兰卡)、登流眉(今泰国那空是贪玛叻)、中理(今索马里)、蒲哩鲁 (今菲律宾马尼拉)、遏根陀国 (今埃及亚历山大港)、斯伽里野 (今意大利西西里)、木兰皮 (今伊比利亚半岛南部的摩尔人穆拉比特王朝)等总计 58 国。

出现了《岭外代答》《诸蕃志》，记载与中国通商国家情况的专著。

宋朝蕃商

泉州是宋代崛起的贸易港。早在北宋元祐二年（1087年）宋政府已正式在泉州设置福建市舶司。到南宋绍兴末年，泉州、广州两市舶司岁入约两百万缗，各占一半。以后渐有超过广州港的趋势，到宋末元代时泉州已成为中国第一大贸易港。宋赵汝适《诸蕃志》载，至宋时来泉州的东南亚及西亚、北非的商人、传教士、游历家，骤然间增至"数以万计"。《泉州府志》云："胡贾航海踵至，其富者资累百万，列居城南。"泉州民间有"回半城""蒲半街"（指大食巨商蒲寿庚家族所居之地）等民谣，说明宋时大食、波斯商人居泉州者颇众。

杭州为南宋都城，繁华富庶，有不少蕃商在此居留，贩易商品。

此外，在福州、明州（今浙江宁波）、秀州（今浙江嘉兴）、温州、江阴、扬州等沿海城市，以及中原、西北等地，也有蕃商活动、留居的记载。如西北的青唐城（今青海西宁）有来自西域的"四统往来贾贩之人数百家"。宝祐元年（1253年）六月，朝廷曾命寄居甘州、凉州的西胡（大食）商人徙于江南各卫，时被迁者达426户，1479人。田汝成《西湖游览志》因而以为"（西域商人）之来中国，留居贡道不归者，早在唐、宋已为数甚多"。

宋朝重视海外贸易，继续执行对外政策，海上丝绸之路的发展超过唐代。北宋太宗雍熙四年（987年）就"遣内侍八人，赍敕书金帛，分四纲，各往南海诸番国，勾招进奉，博买香药、犀牙、真珠、龙脑。"南宋高宗也说："市舶之利最厚，若措置合宜，所得动以百万计，岂不胜取之于民？朕所以留意于此，庶几可稍宽民力尔。"市舶司制度至宋代已逐渐完备，在加强朝廷对外贸的管理方面影响深远，有利于海外贸易的开展。宋朝一系列的对外贸易政策力图达到这样的目的：一是保证市舶司掌握的舶货源源不断地向京师输送；二是尽可能扩大市舶司直接掌握的海外进口商品的数量和价值，以增加市舶之利。

宋代蕃商经营的商品，比唐代更加丰富。他们运进来的商品主要有香料、象犀、珊瑚、琉璃、珠宝、镔铁、鳖皮、玳瑁、车渠、水晶、蕃布、苏木等，运出去的主要为丝织品、陶瓷器、漆器、酒、糖、茶、米等。其中香料种类繁多，数量甚大，价值也高，是蕃商乘海舶东来贸易的主要商品。它是热带芬芳类植物和动物分泌的香胶，主要产于东非、阿拉伯地区及东南亚。因阿拉伯商船常"并载香药、宝石，积载如山，其船深六七丈"，乃产生大宗香料进口的"香料贸易"。因香料贸易在当时东西方贸易中占有相当大的比例，故史家将这一时期自波斯湾至广州的海上丝绸之路又称为"香料之路"。由于香料贸易规模很大，宋代出现了一大批以经营香料为业、"富盛甲一时"的巨商，如侨居泉州的大食人蒲罗辛、施那帏、蒲霞辛、佛莲等。宋代文献中记载了他们的经商情况。

唐宋时期阿拉伯、波斯等地蕃商频繁的商贸活动，对中国社会的影响是多方面的，如促进了陆上、海上丝绸之路的持续繁荣，沟通了中西文化的交往，培育、发展了丝路沿途城镇，推动了社会变革和城市化生活的发展等等。同时，这些商贸活动还产生了很大的经济效益，为唐宋王朝带来丰厚的市舶之利，达到了唐宋的市舶制度旨在增加财政收入"以助国用"的目的。特别是宋代，由于海上丝绸之路的持续繁荣，大大增加了朝廷和港市的财政收入，在国家财政岁入中，市舶之利占有极大比重。特别是在南宋初年，市舶之利，居然占南宋政府全年收入的五分之一。由此可见，以回族先民为主的蕃商对中国经济社会产生了巨大影响。

公元 960 年建立宋朝时，未靠武力，而是和平禅让，将五代时后周的柴氏王朝，和平过渡为赵氏的宋朝。宋太祖接受唐朝武将节度使操纵国运的教训，以杯酒释兵权，解除武将参与朝政的机会，实行文官统治。对外也少用武力，而以钱物捐助北方游牧民族，换得珍贵的百年和平。

宋太祖采取抑武扬文、君臣共治，提高知识分子的地位与责任感。因此，给后人印象似是国运不济，国力孱弱。先忍让于辽、金，后又退守江南称南宋，再100多年后又亡于蒙古族的元朝。

其实，宋朝才是中华民族古代经济文化的鼎盛时期，宋朝使中国成为世界上经济领先的国家。汉朝虽比宋朝长了几十年，但穷兵黩武，经济文化的发展皆受到影响，比起同时期的欧洲罗马帝国，经济、文化皆大为逊色。

著名历史学家漆侠先生曾指出："在两宋统治的三百年中，我国经济、文化的发展，居于世界的最前列，是当时最为先进、最为文明的国家。"

历史教授杨渭生先生也认为："两宋三百二十年中，物质文明和精神文明所达到的高度，在中国整个封建社会历史时期内是座顶峰，在世界古代史上亦占领先地位。"世界著名经济史学家贡德弗兰克也认为："11世纪和12世纪的宋代，中国无疑是世界上经济最先进的地区。自11世纪和12世纪的宋代以来，中国的经济在工业化、商业化、货币化和城市化方面远远超过世界其他地方。"

法国著名汉学家谢和耐曾说："在社会生活、艺术、娱乐、制度、工艺技术诸领域，中国（宋朝）无疑是当时最先进的国家，它具有一切理由把世界上的其他地方仅仅看作蛮夷之邦。"日本宋史学家宫崎市定认定："宋代是中国历史上最具魅力的时代。中国文明在开始时期比西亚落后得多，但是以后这种局面逐渐被扭转。到了宋代便超越西亚而居于世界最前列。然而由于宋代文明的刺激，欧洲文明向前发展了。"宋朝的文明深深地影响了世界。

英国著名经济史学家麦迪森写道:"早在公元 10 世纪时,中国人均收入上就已经是世界经济中的领先国家,而且这个地位一直持续到 15 世纪。在技术水平上,在对自然资源的开发利用上,以及在辽阔疆域的管理能力上,中国都超过了欧洲。到了 19 世纪和 20 世纪上半叶,当世界经济明显加速增长之际,中国却衰退了。"

根据他的测算,按 1990 年美元为基准,在公元 960 年后(赵匡胤建立宋朝),中国人均 GDP 为 450 美元,至宋末达 600 美元。而处于中世纪黑暗中的欧洲,仅为 422 美元。1840 年鸦片战争失败后,中国经济一蹶不振,1870 年 GDP 人均 530 美元。由于内战,到 1950 年,按麦迪森的评估方式,中国人均 GDP 仅为 448 美元,还赶不上宋代初的 450 美元。1952 年达 538 美元,但仍低于宋末的 600 美元,而欧洲却达 5000 美元了。

尽管世界自 18 世纪,就开始进入工业化的资本主义时代,中国却仍处于农耕的自然经济时代。正如中国民主革命先驱严复先生所指出的,中国之所以有今日之面貌,无论是好是坏,十之八九为宋代造成。

按麦迪森评估,公元 1 年时,当时西汉统治下的中国,人均 GDP 为 450 美元。而当时古罗马统治下的欧洲,人均 GDP 却为 550 美元。唐朝虽称盛唐,但无论经济、城市建设、手工业、商业以及思想、文化、科技等,皆远不如宋朝。宋朝的大城市及手工业、商业、外贸等相当发达,世界十大城市中占了一半。还广泛采用纸币,宋代财政收入中,商业税已大过农业税。

宋朝政治版图虽不大,北宋守黄河一线,北部先后为辽国与金国所统治,但不要忘记他们皆属我们华族(中华民族)的一员。且无论西夏人还是女真人,都认同华族文化,连各项政治、经济、文化制度,皆模仿中原，甚至录用众多汉族的官员。因此，讲到宋代，实应称之为宋、辽、金代。加起来人口已好几千万，文化版图也很辽阔。

手工业

中国古代三大发明——指南针、印刷术、火药，宋时逐渐应用于实际，获得迅速发展。造船、矿冶、纺织、染色、造纸、制瓷等部门，在原料采集、生产过程和产品种类、数量方面，都有显著的进展。各业作坊规模之大，超越了前代。独立手工业者的数量也较前代加多。

造船业的发达　北宋建都开封，每年需要大量漕船载运东南的粮食等货物。宋太宗至道末（997年），各州岁造船3337只。官营作坊打造战船、漕船等，民营作坊打造商船、游船。两浙的明（今浙江宁波）、温、台(今浙江临侮)、婺(今浙江金华)等州，江西的虔（今江西赣州）、吉州(今江西吉安)，荆湖的潭(今湖南长沙)、鼎(今湖南常德)等州，陕西的凤翔府斜谷(今陕西眉县西南)等地，都已成为造船业的中心。福建沿海四个州军都生产海船，海船质量居全国首位。长江两岸交通要冲还设有专门修船的场所。

内河航运出现了"万石船"。当时所造海船船形下侧如刃，便于破浪，船上设备齐全，包括抛泊、驾驶、起碇、转帆和测深等方面。还设置了隔离舱，使用了称为"转轴"的桅杆，从而增强了战胜逆风恶浪的能力。这种海船在当时世界上是最先进的，中外商人所乘用的海船很多是宋人建造。北宋末年出使高丽用的一种大海船称"神舟"，其高长阔大，什物器用及所载人数都相当于"客舟"的三倍。洞庭湖的杨么起义军与官府对抗，双方都用大力制造车船。

车船用翼轮激水行驶，每一双翼轮贯轴一根，谓之一"车"，轴上设踏板，供人踩踏。当时出现三四十车的大船。车船航行快速，但不能

用于航海。后来又发展了车桨并用、又可随时装卸的新技术。造船业的
发达，促使远洋航行技术不断进步。

矿冶业　宋代采矿冶炼业的发展为农业、手工业、商业的发展提供
了雄厚的物质基础。河北、京东、陕西、河东等路都已大量开采石炭
（煤）。河东境内居民、东京开封及其附近城乡的上百万户人家都用石炭
作燃料。封建官府在许多地方的市场都征收石炭税，或由官府买卖石
炭。

江西丰城、萍乡山间的煤矿也已被开采。今河南鹤壁市发现北宋后
期河北路相州的煤矿遗址，由地面开凿竖井，依煤层开掘巷道，采取
"跳格式"挖掘，先内后外，逐步后撤，还有排水井和木制辘轳等排除
坑道积水的设备。

今河北邢台、安徽繁昌、福建同安等地，都曾发现宋代冶铁遗址。
繁昌遗址的冶铁炉呈圆形，用栗树柴作燃料，石灰块作熔剂，但更多的
冶铁炉使用石炭作燃料。石炭火力强，冶炼快，铁的质量高，对改进农
具作用极大。徐州利国监（今属江苏）、兖州莱芜监（今属山东）是当时著
名的冶铁地。宋仁宗皇祐（1049—1053 年)间，全国每年得铁 71241000
斤。宋英宗时，又增加 100 余万斤。利国监用石炭冶铁作兵器，犀利异
常。冶铁炉的鼓风器由皮囊改为木风箱，装置牢固，风力增大。

宋代在军事和医药上都已利用石油，沈括在《梦溪笔谈》中科学地预
见到石油日后"必大行于世"。

北宋初，全国共有矿冶 201 处。宋英宗时增加到 271 处。宋仁宗皇
祐时，朝廷每年得金 15095 两，银 219829 两。宋英宗时，金减少 9656
两，银增加 95384 两。铸钱用的铜，由官府严格控制。宋仁宗皇祐时，
年收 5100834 斤。宋英宗时，增至 6970834 斤。宋神宗时，更增加到
14605969 斤。铜钱需要铅、锡混合铸造。宋仁宗皇祐时，铅年产 98151

斤，锡 320695 斤。宋英宗时，铅增为 2098151 斤，锡增产 100 余万斤。宋神宗时，铅更增加到 9197335 斤，锡 2321898 斤。这样高额的矿产量在当时世界上是首屈一指的。南宋矿冶业在产品数量上较北宋逊色，但在技术上又有一些提高。

纺织业

北宋时，南方的丝织业逐渐胜过北方。两浙、川蜀地区的丝织业最为发达。宋仁宗时，梓州已有几千家机户，从事丝织业生产。成都府、汉州（今四川广源）、青州（今山东益都）、济州（今山东巨野）、河北路等地也有许多机户或绫户。

开封府设有绫锦院，为皇室贵族织造高级织品。河北路产绢，号称"衣被天下"。丝织物的品种和花色比前代增加了很多。如蜀锦就有数十种名目，号称"天下第一"。亳州(今安徽亳州)轻纱，抚州(今属江西)莲花纱和醒骨纱，婺州(今浙江金华)红边贡罗和东阳(今属浙江)花罗，越州(今浙江绍兴)寺绫，邵州邵阳(今属湖南)隔织，定州(今河北定县)缂丝(即隔织)等，是当时著名的丝织品。李觏描述当时江南地区丝织业的盛况说："平原沃土，桑柘甚盛，蚕女勤苦，罔畏饥渴。……茧簿山立，缫车之声连甍相闻。非贵非骄，靡不务此。……争为纤巧，以渔倍息。"麻织分布在成都府路、广南西路、京东东路、河东路等地，广西广泛种植苎麻，农村妇女都擅长织布。麻布产量比唐代增加很多。有些地区的麻织品极为著名，如明州象山女儿布、平江府(今江苏苏州)昆山药斑布、江西虔布等。南宋丝织品和麻织品的生产继续增长，随着植棉区的扩大，棉织品在全部纺织品中的比重有所上升。

染色业

宋代印染技术比唐代有所提高。刻工雕造花板，供给染工印染斑缬。开封有官营染坊，也有像"余家染店"的民营染坊，还有推车染色的工匠。各州也有民营染坊和染工。

造纸业

随着雕版印刷业的兴盛，纸张的需要量激增，促使民间造纸业迅速发展。宋代造纸技术比前代大有提高。徽州黟县、歙县生产的纸张，放在熏笼上用火焙烤，五十尺为一幅，各幅匀薄如一。这种方法比上墙日晒要进步得多。因此，纸张的产量比前增加很多。宋代纸张一般都达到薄、软、轻、韧、细的水平。纸的种类很多，有白色纸、自然色纸等。在质量方面有薄厚与粗细之分，又有全料和半料之别。四川的藤纸、浙东的竹纸、江南的楮纸等，因原料的不同而各有特点。江西清江的藤纸、江东徽州的龙须纸、平江府的春膏纸等都是纸中佳品。各地还有多种加工制作的笺纸。纸张经过加粉、加蜡、染色、砑花，制造成精致的印花笺，笺色有红、紫、褐、黄、碧等，而以红色笺最为流行。建阳书坊曾用一种特制的椒纸印书，系用山椒果实煮汁染成，纸性坚韧，且可防蠹。纸还用来制作纸甲、纸被、纸帐、纸衣等。

制瓷业

宋代制瓷业普遍发展，在产量和制造技术方面都比前代有很大提高。制瓷窑户几乎遍布全国各地。不仅供贵族享用的高级瓷器，在工艺技术上达到新水平，而且生产出大量的一般日用器皿，为居民广泛使用。各地瓷窑形成自己的特色。北方的定州(今河北定县)定窑，所产薄胎白瓷，用印花、刻花和划花装饰的日用器皿，曾充作贡品。汝州 (今河南临汝)汝窑，生产带有较细纹片的青釉瓷，"色近雨过天青"，宋徽宗时专为王室烧造。颍昌府阳翟(今河南禹县)出产的瓷器，釉色若玫瑰般娇艳，间以紫红和青蓝，极尽绚丽灿烂，后世称为"钧瓷"。开封官窑生产的瓷器，土脉细润，有月白、粉青等色，带蟹爪纹片。南方的饶州(今江西波阳)景德镇窑，出产各种品类的瓷器，远销各地，号称"饶玉"。该镇瓷窑内部已有很细的分工，有陶工、匣工、土工之分，有利坯、车坯、釉坯之分，还有印花、画花、雕花之分。临安府凤凰山、乌龟山下官窑，出产瓷器的釉面呈现出各种美丽的纹片，特别是青瓷，有翠青加玉之感，是瓷中珍品。此外，如北方的耀州(今陕西耀州区)窑、磁州(今河北磁县)窑，南方的吉州(今江西吉安)窑、处州龙泉(今属浙江)窑以及广南东路、福建路沿海地区的瓷窑，也都发展迅速。广南东路和福建路的瓷器主要是销售海外。宋代瓷器产量的增长，使制瓷业在宋代全部手工业中占有突出的地位。

制盐业

宋代制盐有晒、煮两种方法。解州安邑(今山西运城西北)、解县(今运城西南)境的盐池是池盐的主要产地。京东、河北、两浙、淮南、福建、广南等路沿海地区，煮海水为盐。河东、陕西、河北等路的一些地区的贫苦农民刮取咸土煎煮为盐，称为土盐，以并州的永利监(今山西太原南)为最多。成都和梓、利、夔州等路凿井取卤煎煮，称为井盐。宋仁宗时，蜀中民间首创卓筒井，口小而井深，井壁与唧筒都用竹为之，采用了机械提卤的先进技术，极大地提高了功效。

手工业作坊

宋代规模较大的手工业生产，都集中在官营和少数私营的作坊。

官营作坊为统治阶级制造器物。南、北作坊在宋神宗前，分成五十一作，有工匠和兵校 7931 人，专门制造各种军用物资。官营作坊主要"差雇"民匠；有时也和雇一些民匠，并役使有手艺的军匠、罪犯等，私营作坊采用和雇方式雇募民匠。陵州（今四川仁寿）开私盐井的豪民，一家多者有一二十口井，少者有七八口井，每家和雇工匠四五十人到二三十人，每井约四五人。工匠大都是隐名改姓逃避户籍和刑法的农民或罪犯，向豪民领取"工直"。徐州利国监有 36 处铁冶，每冶工匠至少数十人，多雇佣逃亡农民。这些工匠脱离了农业，对雇主不存在严格的隶属关系，但遭受着残酷的经济剥削。

商业、城市经济、货币流通

宋代商业的发展，超过了前代，大城市和小镇市的兴旺发达，纸币的出现和广泛使用，海外贸易的盛况空前，都非常引人注目。

大城市的繁华　小镇市的兴旺

宋时因城市人口的膨胀，在很多州县城门外，形成了新居民区，称作草市。有的草市，例如著名的鄂州南草市，其人口和规模甚至大大超过城区。

宋代拥有一批人口在 10 万以上的大城市。都城开封是北宋最大的城市。宋真宗天禧五年（1021 年），开封府仅新、旧城内，八厢居民，即达 97750 户。唐代长安和洛阳城内的坊只是居民住宅区，黄昏后锁闭坊门，禁止夜行，商业活动只能白天在市里进行。北宋开封和其他大城市的繁盛，逐渐突破了坊和市的界限，相同行业的店铺多集中在邻近，工商与居民杂处，面街开店，随处都有商铺、邸店、质库、酒楼、食店。相国寺每月开放五次，中庭两庑可容上万人，商旅交易，都集中在这里。还出现了迟至三更的繁盛夜市，到五更，"鬼市"（早市）又开张营业。各地货物诸如粮食、水产、畜产、蔬果、茶、酒、药材、纺织品、器皿、书籍等，都运到这里销售。日本扇、高丽墨和大食香料、珍珠等，在开封市场上也是热门的货物。宋真宗时，北京大名府的坊郭主、客户也达几万家。宋仁宗时，广州只有子城，城外"蕃、汉数万家"。

临安府作为南宋的"行在所"，也是最大的商业城市。尽管在南宋初遭受严重战祸，到宋宁宗初年，临安府城已增至112000多户。市民、达官贵人、官府和宫廷所需的粮食和百货，都来自附近州县，以至福建、广南、淮南等地，城内店铺林立，还有不少质库、手工业作坊、寄存货物的塌坊，十分繁华。长江下游的建康府（今江苏南京）也是重要的商业城市，南宋后期府城人口达几十万。长江中游鄂州（今湖北武汉武昌）城外的南草市，是川、广、荆、襄、淮、浙的贸易中心，居民达10万户。四川的成都府城也达10万户。泉州作为对外贸易中心，州城居民约10万户、50万人。

在大城市发展的同时，成千上万个镇市也因商业的发达而兴盛起来。《元丰九域志》等书都记录了大量镇名，其地位仅次于县治。官府在各镇设立场务，收取商税。

市的地位又低于镇，有些市也设置行政机构。有的镇市发展到相当大的规模。如黄池镇（今安徽芜湖东）和沙市（今属湖北）是从属于州县的镇市，却发展为商旅萃聚的贸易中心，黄池镇商业的繁荣已超过太平州（今安徽当涂）。上海的前身青龙镇（今上海青浦区北），也是宋时有名的商埠。此外，乡村还有定期的集市，称墟（见墟市）、集（或草市），农民在此出售蔬菜、鱼虾或手工业品，成为沟通城乡经济的重要环节。较大的市、墟或集开设酒店、客店。有些市、墟或集因商业的发达而发展成为镇，有的镇也升为县。由于商品流通和交换的频繁，官府在不少商船客货辐辏地设置税场，商税收入也非常可观。

行与作

唐代城市中同业店铺组织成行。宋代自都城至州县城镇，同业商铺组织成"商行"。入行的商户称"行户"，参加商行叫"投行"。随着商业的发展，商行的组织不断增加。开封市上，至少有160多行，临安有414行。商行保护和垄断本行的商业利益。外来的商人，不经投行，不得在市上贸易。各行有自己的行话，行的首领叫"行头"或"行老"，他们有权规定本行商品的价格。各行还有作媒介招揽买卖的牙人。

商行还是官府控制和勒索商人的工具。唐代后期，皇室通过商行征购宫廷需用的货物，称"宫市"。宋真宗时，宫中也常常通过商行向商铺征购货物。内东门司购买行人物品，有拖欠多年不给价钱的。开封供应百货的商行，被官府上下勒索，比别处多10倍以上，各行赔累很多。各行商铺被迫轮流"祗应"，向皇室或官府低价或无偿地提供货物，商行反而成为束缚商人的一种组织。

民间工匠的同业组织也称"行"，开封的各行工匠集中在大货行和小货行。如做靴鞋的称"双线行"。行又可称"作"。如木作、碾玉作、漆作等，其中包括作坊及各类工匠。有些行业的工匠寻找工作，必须经行老介绍。

货币流通

北宋货币以铜钱为主，铁钱为辅。金银作为货币，流通量不大。北宋铜钱年铸造额约为唐朝的一二十倍，特别到宋神宗元丰时，年铸造额高达506万贯，依每贯五宋斤计，约折合15000余吨。尽管如此，北宋的铜、铁钱仍不能满足商品流通的需要，由于各种复杂的原因，还出现了"钱荒"。

商业中的"赊"，即信用关系，孕育了世界上最早的纸币"交子"（见交子、钱引）。宋真宗初年，益州（今四川成都）16户富商发行一

北宋货币

种交换券，叫作"交子"。宋仁宗天圣元年（1023年），官府收夺私家发行纸币之权，在益州设立交子务，负责印制和发行交子事务。交子以铁钱作为本位，每界（期）发行额为1256340贯，另储备铁钱36万贯，以保证交子随时兑换。交子以两周年为一界，当界满时，制造新交子，调换旧交子。商民向官府持旧换新，每贯交纸墨费30文。起初交子只在川峡流通，后来发行数量越来越多，交子流通的地区扩大到陕西、河东等路，官府便在开封设置交子务，专门负责交子的印造发行。

南宋铜钱年铸造额减至10万贯左右。最多的年份也不过十五六万贯。由于大量铜钱外流，钱荒愈益严重。除了铸造铁钱外，纸币逐渐成为主要的货币。南宋的纸币主要有四种，四川钱引、湖广会子和两淮交子都以铁钱为本位，东南会子则以铜钱作为本位。各种纸币都有规定的流通地域，相互之间又有一定的兑换率。官府没有足够的铜钱和铁钱作为兑换本钱，为了弥补财政亏空，又大量滥印纸币。东南会子在宋孝宗时，规定两界并行，每界发行1000万贯，到淳祐六年（1246年），第十七、十八界东南会子已发行了600005000万贯。滥发纸币，造成严重的币价贬值，通货膨胀，使广大人民的生活遭受很大痛苦，而政府的财政

危机也愈益严重。南宋亡国前夕，贾似道又主持发行新纸币关子，停上第十七界东南会子的行用，规定第十八界东南交子三道折合关子一道，结果却造成更剧烈的通货膨胀。

宋与辽、西夏、金等的经济交流　宋与辽、西夏、金、回鹘、大理、吐蕃等存在不同程度的经济交流。宋与辽、西夏、金在某些交界地点设置榷场，进行官方许可的贸易，但榷场贸易有各种规定和限制，官府还要抽税，故民间的走私贸易，不论在陆地和沿海，都相当兴盛。宋与辽、西夏、金等使者相互往还，也往往附带做生意。辽对宋出口物品有羊、马、马具、皮革、毛毡、刀剑、北珠、盐等，宋对辽的出口物品有茶、药材、粮食、丝麻织品、漆器、香料、犀角、象牙、硫黄、铜钱等。宋的榷场收入大致可抵销对辽输纳岁币的损失。西夏对宋的出口物品有驼、马、牛、羊、玉、毡毯、药材、盐等，宋对西夏的出口物品有茶、丝织品、粮食、香料、漆器、瓷器、铜钱、银等，特别是茶马贸易，对宋与西夏都至关重要。回鹘将玉器、马匹、药材、香料等运往内地，从内地换回茶、铁器、钱币等。金对宋的出口物品有北珠、毛皮、人参、丝织品、银、马等，宋对金的出口物品有粮食、茶、铜钱、牛、书籍、外洋舶货等。辽、西夏、金主要使用宋朝钱币。在今吉林、内蒙古等地的考古发掘中，发现湖州铜镜、建阳刊本，而景德镇和龙泉的瓷器更是遍及各地。大理是南宋的主要马匹供应者，其出口物品还有药材、手工业品等，宋对大理的出口物品有书籍、丝织品、钱币、茶、银等。中国境内各个政权密切的经济联系，为元朝统一准备了重要条件。

海外贸易

宋时海外贸易得到很大发展，与海外联系地区之广，进出口货物品种和数额之多，都远远超过了前代。宋朝是当时世界上重要的海上贸易国。

宋时有从广州和泉州通往越南、印尼乃至阿拉伯、东北非洲等地的海上交通线，还有从明州或杭州通往日本和高丽，由登州（今山东蓬莱）或密州板桥镇（今山东胶县）通往高丽的海上交通线。宋朝与印度支那半岛、南洋群岛、阿拉伯半岛以至东北非洲等几十个国家都有贸易关系。

北宋在主要港口广州、明州、杭州、泉州、密州、秀州（今浙江嘉兴）、温州、江阴军（今江苏江阴）等地相继设立市舶司，主管舶商进出手续，并征收舶税，抽买舶货。宋仁宗皇祐时，市舶收入每年为 53 万余贯，宋英宗时增为 63 万余贯，成为国家的一项重要财政收入。南宋海外贸易有很大发展。宋高宗在位末年，市舶收入达 200 万贯，超过北宋最高额近一倍以上。为保持市舶收入的稳定增长，宋朝有时还派遣使臣出海，招徕外商。广州和泉州都是当时世界上有名的大商港。明州主要与日本、高丽贸易，规模略小。

在两浙、福建、广南等路，海商数量很多。《萍洲可谈》载"海舶大者数百人，小者百余人，以巨商为纲首"。"舶船深阔各数十丈，商人分占贮货，人得数尺许，下以贮货，夜卧其上。货多陶器，大小相套，无少隙地。"这就是宋代商人来往东南亚等地搭载的商船。

大食、真腊、阇婆、占城、勃泥、麻逸、三佛齐等国，也有不少商人经南海到宋朝贸易。宋朝输出东南亚等地的商品主要有瓷器、丝织品、铜钱、金、银、铜、铁、铅、锡等；输入的商品主要有香料、药材、犀角、象牙、珊瑚、珍珠、玳瑁、苏木等。

宋朝和日本、高丽之间的贸易关系极为密切。宋朝开往日本的商船，主要由两浙路出发，几乎年年都有。宋朝运往日本的商品主要有药材、香料、瓷器、文具、书画、丝织品等，自日本输入的商品主要有硫黄、木材、水银、沙金、工艺品等。日本制造的宝刀和扇子，在宋朝最为著名。宋朝不断有商船横渡黄海，驶往高丽。运往高丽的商品有各种绸缎、腊、茶、瓷器、书籍等；自高丽输入的商品有人参、矿产、绫布以及扇子、文具等。

第八章　元代的丝绸之路商旅

"鄂王墓上草离离，秋日荒凉石兽危。／南渡君臣轻社稷，中原父老望旌旗。／／英雄已死嗟何及，天下中分遂不支。／莫向西湖歌此曲，水光山色不胜悲。／／"（赵孟頫（1254—1322 年）《岳鄂王墓》）经历两朝的赵孟頫虽然仰慕岳飞，可是天下分久必合，谁也挡不住滚滚的历史洪流。

元朝一统江山

元朝（1271—1368 年）是由蒙古族建立的中国历史上第一个由少数民族建立的大一统帝国，定都大都（北京市）。

1260 年忽必烈即位大汗并建元"中统"，1271 年忽必烈取《易经》"大哉乾元"之意改国号为大元，随后又逐步消灭金朝、西夏、大理等国，1276 年攻占临安，南宋灭亡。1279 年经崖山海战后消灭南宋残余势力，全面占领中国，结束了自五代以来的分裂局面。

元朝的疆域空前广阔，北至北海、东到日本海，在澎湖列岛设置巡检司。元朝实行一省制，在中央设中书省，左右丞相和平章政事处理政务。地方实行行省制度，开中国行省制度之先河。商品经济和海外贸易较繁荣，但其整体生产力不如宋朝。

元大都风采

至元四年(1267年)开始动工，历时20余年，完成宫城、宫殿、皇城、都城、王府等工程的建造，形成新一代帝都。但是，由于至元二十二年(1285年)诏令规定，迁入大都新城必须以富有者和任官职者为先，结果大量平民百姓只得依旧留在中都旧城。在当时人的心目中旧城仍是重要的，通常把新、旧城并称为"南北二城"，二城分别设有居民坊75处及62处。

大都新城的平面呈长方形，周长28.6公里，面积约50平方公里，相当于唐长安城面积的五分之三，接近宋东京的面积。元大都道路规划整齐、泾渭分明。考古发掘证实，大都中轴线上的大街宽度为28米，其他主要街道宽度为25米，小街宽度为大街的一半，火巷（胡同）宽度大致是小街的一半。城墙用土夯筑而成，外表覆以苇帘。由于城市轮廓方整，街道砥直规则，使城市格局显得格外壮观。

元大都新城规划最有特色之处是以水面为中心来确定城市的格局，这可能和蒙古游牧民族"逐水草而居"的传统习惯与深层意识有关。

由于宫室采取了环水布置的办法，而新城的南侧又受到旧城的限制，城区大部分面积不得不向北推移。元大都新城中的商市分散在皇城四周的城区和城门口居民结集地带。其中东城区是衙署、贵族住宅集中地，商市较多，有东市、角市、文籍市、纸札市、靴市等，商市性质明显反映官员的需求。北城区因郭守敬开通通惠河使海子(积水潭)成了南北大运河的终点码头，沿海子一带形成繁荣的商业区。海子北岸的斜街更是热闹，各种歌台酒馆和生活必需品的商市汇集于此，如米市、面市、帽市、缎子市、皮帽市、金银珠宝市、铁器市、鹅鸭市等一应俱全。稍北的钟楼大街也很热闹，尤其引人注目的是在鼓楼附近还有一处全城最大的"穷汉市"，应是城市贫民出卖劳力的市场。西城区则有骆驼市、羊市、牛市、马市、驴骡市，牲口买卖集中于此，居民层次低于东城区。南城区即金中都旧城区，有南城市、蒸饼市、穷汉市，以及新城前三门外关厢地带的车市、果市、菜市、草市、穷汉市等。由于前三门外是水陆交通的总汇，所以商市、居民麇集，形成城乡接合部和新旧二城交接处的繁华地区。由此可见，元大都的商市与居民区的分布，既有城市规划制约因素，也有城市生活及对外交通促成的自发因素。元大都城市建设上的另一个创举是在市中心设置高大的钟楼、鼓楼作为全城的报时机构。中国古代历来利用里门、市楼、谯楼或城楼击鼓报时，但在市中心单独建造钟楼、鼓楼，上设铜壶滴漏和鼓角报时则尚无先例。

商业分区

元朝统治疆域十分广阔，作为京师的元大都城，因是政治中心和文化中心，所以人烟茂盛，商业经济十分繁荣。仅《析津志》所载，元大都城内外的商业行市即达30余种。其中，米市、面市、缎子市、皮帽市、帽子市、穷汉市、鹅鸭市、珠子市、沙剌市（即珍宝市）、柴炭市、铁器市，皆在今北京积水潭北的钟、鼓楼一带，这是因为南方来的漕运船只皆停泊在积水潭上的缘故。《析津志》描述其地盛况云："钟楼之东南转角街市俱是针铺。西斜街（今北京积水潭东北）临海子，率多歌台酒馆，有望湖亭，昔日皆贵官游赏之地。楼之左右俱有果木饼面柴炭器用之属。"又云："钟楼……本朝富庶殷实莫盛于此。"大都钟、鼓楼一带是元大都最繁华的商业区，因这里沿积水潭北岸是一条斜街（今北京鼓楼西大街），所以又称斜街市。顺承门内羊角市也是大都城内繁华之地，有羊市、马市、牛市、骆驼市、驴骡市、穷汉市，买卖奴隶的人市也在此处，其址大约在今北京西城区甘石桥至西四一带。此外，和义门、顺承门、安贞门外各有果市，中书省前（今北京南河沿大街以东）有文籍市、纸札市，翰林院东（今北京旧鼓楼大街东北）有靴市，丽正门外三桥、文明门丁字街、和义门外各有菜市等等。市场上出售的商品，除一些日常生活用品为当地产品外，很多商品来自全国各地。当时，海运大开，河运通畅，"川陕豪商，吴楚大贾，飞帆一苇，径抵辇下"，为大都城提供了丰富商品。当然，这些商品中，更多的是供达官显贵享用的氆氇貂豽等珍贵皮毛、珠瑁香犀等奇珍异宝、锦纨罗氎等高贵纺织品。据《马可·波罗游记》记述：在大都市场上做生意的不但有中国境内南北的豪商巨贾，而且还有远自中亚、南亚的商人，"凡世界上最为稀奇珍贵的东西，都能在这座城市找到，特别是印度的商品，如宝石、珍珠、药材和香料"。"根据登记表明，用马车和驮马载运生丝到京城的，每日不下一千辆次。"元大都城和境内外其他地区的这种经济关系，也从一个侧面反映出其作为封建社会都城的经济特点。

威尼斯商人（马可·波罗）

元朝时与各国外交往来频繁，各地派遣的使节、传教士、商旅等络绎不绝，其中威尼斯商人尼柯罗兄弟及其子马可·波罗成为得到元朝皇帝宠信，在元朝担任外交专使的外国人。元廷曾要求周边一些国家或地区（包括日本、安南、占城、缅甸、爪哇）臣服，接受与元朝的朝贡关系，但遭到拒绝，故派遣军队攻打这些国家或地区，其中以元日战争最为著名，也最惨烈。

马可·波罗是忽必烈时代中西方交流中最有名的基督徒。他声称于1275年到达中国，他的著作是许多年中欧洲人了解中国的唯一渠道。马可·波罗称他的父亲尼柯罗·波罗和叔叔马菲奥·波罗先于他到达中国。

他们于 1252 年离开威尼斯，在君士坦丁堡做了几年生意，并且在 1265 年下半年或者 1266 年上半年到达忽必烈的宫廷，之前在俄罗斯和中亚旅行。

元代商人汪大渊

汪大渊（1311—？年），元朝时期的民间航海家。字焕章，南昌人。至顺元年（1330 年），年仅 20 岁的汪大渊首次从泉州搭乘商船出海远航，历经海南岛、占城、马六甲、爪哇、苏门答腊、缅甸、印度、波斯、阿拉伯、埃及，横渡地中海到摩洛哥，再回到埃及，出红海到索马里、莫桑比克，横渡印度洋回到斯里兰卡、苏门答腊、爪哇，经澳洲到加里曼丹、菲律宾返回泉州，前后历时 5 年。至元三年（1337 年），汪大渊再次从泉州出航，历经南洋群岛、阿拉伯海、波斯湾、红海、地中海、非洲的莫桑比克海峡及澳大利亚各地，至元五年（1339 年)返回泉州。

汪大渊的主要成就是他的代表作品《岛夷志略》,因此号称 "东方的马可•波罗"。

汪大渊第二次出海回来后，应泉州地方官之请，开始整理手记，写出《岛夷志略》。《岛夷志略》分为 100 条，其中 99 条为其亲历，涉及国家和地区达 220 余个，对研究元代中西交通和海道诸国历史、地理有重要参考价值，引起世界重视。1867 年以后，西方许多学者研究该书，并将其译成多种文字流传，公认其对世界历史、地理的伟大贡献。

他先游历了当时中国南方最大的商港，也是世界最大商港之一的泉州。看到各种肤色和操各种语言的人们，摩肩接踵；看到琳琅满目的中西奇货，堆积如山；港湾里停泊着来自世界各地的各种各样的大小船只，特别是那些中外商人、水手所讲的外国风情，是那样的生动、有趣，这些都深深地打动了汪大渊的好奇心，后来促成了他两度远洋航行的壮举。

元文宗至顺元年（1330年），年仅20岁的汪大渊搭泉州远洋商船，从泉州港出海了，一直到元统二年（1334年）夏秋间才返回泉州，这次航行从泉州经海南岛、占城、马六甲、爪哇、苏门答腊、缅甸、印度、波斯、阿拉伯、埃及，再横渡地中海到西北非洲的摩洛哥，再回到埃及，出红海到索马里，折向南直到莫桑比克，再横渡印度洋回到斯里兰卡、苏门答腊、爪哇，再到澳大利亚，从澳大利亚到加里曼丹岛，又经菲律宾群岛，最后返回泉州。元惠宗至元三年（1337年），汪大渊第二次从泉州出航，游历南洋群岛、印度洋西面的阿拉伯海、波斯湾、红海、地中海、莫桑比克海峡及澳大利亚各地，两年后才返回泉州。

汪大渊远航回国后，便着手编写《岛夷志》，把两次航海所察看到的各国社会经济、奇风异俗记录成章，作为资料保存下来。当时泉州路正在修郡志，泉州地方长官（称达鲁花赤）与主修郡志的人见此书大为赞赏，即将《岛夷志》收入《泉州路清源志》中，作为附录。后来汪大渊回到久别的故乡南昌，将《岛夷志》节录成《岛夷志略》，在南昌印行。这本书才得以广为流传。但《岛夷志》一书却在元末兵乱中大部分散失，明朝后终于失传。

著《岛夷志》的态度

汪大渊著《岛夷志》的态度是很严肃的，曾说书中所记"皆身所游焉，耳目所亲见，传说之事则不载焉"。为它作序的泉州地方官、著名文人张翥说："汪君焕章当冠年（即20岁），尝两附舶东西洋，所过辄采录其山川、风土、物产之诡异，居室、饮食、衣服之好尚，与夫贸易用之所宜，非亲见不书，慢信乎其可征也。"另一作序者，泉州方志主修吴鉴说："其目所及，皆为书以记之。以君传者其言必来信，故附《清源续志》（即《泉州路清源志》）之后。"后来明朝永乐年间，随郑和七下西洋的马欢说："随其（郑和）所至……历涉诸邦……目击而身履之，然后知《岛夷志》所著者不诬。"可见该书的内容是真实可靠的。

　　节略后的《岛夷志略》还涉及亚、非、澳各洲的国家与地区达 220 多个，详细记载了他们的风土人情、物产、贸易，是不可多得的宝贵历史资料。书中记载了台湾、澎湖是我国的神圣领土，当时台湾属澎湖、澎湖属泉州晋江县，盐课、税收归晋江县。书中多处记载了华侨在海外的情况，例如泉州吴宅商人居住于古里地闷（今帝汶岛）；元朝出征爪哇部队有一部分官兵仍留在勾栏山（今格兰岛）；在沙里八丹（今印度东岸的讷加帕塔姆），有中国人在 1267 年建的中国式砖塔，上刻汉字"咸淳三年八月华工"；真腊国（今柬埔寨）有唐人；浡泥（今加里曼丹岛上坤甸）"尤敬爱唐人"；而龙牙门（今新加坡）"男女兼中国人居之"；甚至马鲁涧（今伊朗西北部的马腊格）的酋长，是中国临漳人，姓陈……

　　《岛夷志略》记载澳大利亚的见闻有两节：一、麻那里；二、罗娑斯。当时中国称澳大利亚为罗娑斯，把达尔文港一带称为麻那里（marani），泉州商人、水手认为澳大利亚是地球最末之岛，称之为"绝岛"。汪大渊记载当时澳大利亚人的情况：有的"男女异形，不织不衣，以鸟羽掩身，食无烟火，惟有茹毛饮血，巢居穴处而已。"有的"穿五色绡短衫，以朋加剌布为独幅裙系之。"还记载有一种灰毛、红嘴、红腿、会跳舞、身高六尺的澳大利亚鹤，"闻人拍掌，则耸翼而舞，其仪容可观，亦异物也"。他称之为"仙鹤"。又称澳大利亚一种特有的红得像火焰一样的树为"石楠树"。

　　汪大渊还记载了澳大利亚北部某地"周围皆水"，即指今天澳大利亚达尔文港以东的一大片沼泽地。所记"有（　）如山立"，即指澳大利亚西北高峻的海岸附着很多牡蛎。还记载有澳大利亚北部海岸的安亨半岛和高达 800 米的基培利台地，"奇峰磊磊，如天马奔驰，形势临海"。这些都是真实无误的。《岛夷志略》在历史地理的研究上有重要史料价值，因此很早就引起世界的重视。自 1867 年以来，西方学者中有 10 人研究该书，并将该书翻译成文字。在《岛夷志略》中有两节详细记载了澳大利亚的风土、物产，应该是见诸于世的关于澳大利亚最早的文字记载。可是西方学者，却不敢承认汪大渊到过澳大利亚，因为在汪大渊到澳大利亚后近 200 年，欧洲人才知道世界上有这一大陆。

《岛夷志略》可以说是上承宋代周去非的《岭外代答》、赵汝适的《诸蕃志》，下接明朝马欢的《瀛涯胜览》、费信的《星槎胜览》等的重要历史地理著作，而其重要性又远远超过这些宋、明的著作。《四库全书总目》说："诸史（指二十四史）外国列传秉笔之人，皆未尝身历其地，即赵汝适《诸蕃志》之类，亦多得于市舶之口传。大渊此书，则皆亲历而手记之，究非空谈无征者比。"汪大渊两下西洋，游踪的广远，著述的精深，直到清代中叶以前，还是名列前茅的。

汪大渊曾说："所过之地，窃常赋诗以记其山川、土俗、风景、物产。"《岛夷志略》中大佛山条载：他们的船到大佛山（今斯里兰卡）附近，采集到珍贵的奇异珊瑚，汪氏很兴奋，"次日作古体诗百韵，以记其实。回到故乡后，豫章邵庵虞先生见而赋诗，迨今留于君子堂以传玩焉"。邵庵虞先生即当时著名文人虞集，他的书斋名邵庵，因号曰邵庵先生。诗人虞集也为汪诗所动，并赋诗唱和，可见汪大渊诗词的高超。可惜汪大渊除《岛夷志略》外，未见有其他著作传世。汪大渊的晚年生活也无记载可寻。但是他对世界历史地理的伟大贡献，是早为中外学者一致公认的。

元朝丝路畅通

公元 13 世纪，成吉思汗及其子孙发动的规模浩大的三次西征以及针对中原王朝的南征，征服了欧、亚大部分地区。蒙古铁骑所至，既给封建经济带来了血与火的灾难，却也摧毁了横亘于东西方传统贸易之路上的种种障碍，为元代的丝路贸易提供了比较有利的社会环境。

驿站制度的实施与欧亚商路网络的恢复

蒙古帝国自窝阔台大汗起开始实施"站赤"(驿传)制度，主要基于政治军事需要，更是为加强中央对边远地区的控制。"盖以通达边情，布宣号令"驿站分陆站、水站两种，以陆站为主。初建时全国驿站有1400 余处，至元世祖时代，已超过万数。国家签发专为驿站服务的站户亦达 30 万户以上。驿站体系规模之大，在世界交通史上是罕见的。驿路不仅一度横贯欧亚，且布及中、西亚的察合台、伊利汗国，形成了空前庞大严密的欧亚交通网络体系。

驿站制度的实施，对于东西方之间、中原北方各地区、各民族之间的经济交流的畅通和扩大，起了相当重要的作用。

首先，驿路的开设，使较长时期因民族、王朝之间连绵不绝的冲突、战争而造成的中西传统商道及中原北方民族贸易之路，得以再度畅通，人为的关卡垒栅不复存在。这不但有利于蒙古帝国的军政令文通达四方，也使往来的中外使臣、商旅畅行无阻。"于是往来之使，止则有馆舍，顿则有供帐，饥则有饮食，而梯航毕达，海宇会同"。

其次，尽管驿站划属蒙古政府政治军事体系，过往人员必须凭给驿玺书或差使牌符方能乘驿行进，但过往人员中就有不少来中国进行朝贡贸易的外国贡使或冒称"使臣"的外商。他们的外贸活动就在使臣的名义下，得到了驿传优惠条件的保护。摩洛哥人依宾拔都他来华后曾说：

"在中国行路，最为稳妥便利。"他还详细记载了驿站对客人及其财物安全的管理办法。意大利神甫马黎诺里也谈到钦察汗国对到中原去的商人、使者乘驿优待的类似情形。另外，由于元帝国十分重视官营商业，曾给许多色目（"回回"）富商臣贾以特权，发给他们乘驿行走的金银牌符，使他们在元帝国势力所达之处皆可通行，且可供应驿马。桓州（今内蒙古正蓝旗境内）站道就曾专为这些官商"搬运缎匹、杂造、皮货等物"。

最后，驿站制度的实施，客观上形成了元代以驿路为基本走向的欧亚商路网络。此期欧亚陆路商道（丝绸之路）大致以察合台汗国首府阿力麻里（今新疆霍城附近）为枢纽，东西段均各分为两大干线。东段：一条由蒙古帝国都城哈喇和林（今外蒙鄂尔浑河上游一带）西行越杭爱山、阿尔泰山抵乌伦古河上游，然后沿该河行至布伦托海，再转西南到阿力麻里。1295 年常德奉旨乘驿抵巴格达见旭烈兀，东段即走此路。另一条由元大都（今北京）西行，由宁夏过黄河入河西走廊；然后或由天山北道抵阿力麻里，或由天山南道入中亚阿姆河、锡尔河两河地区。马可•波罗由陆路来华，即走此路。西段：一条由阿力麻里经塔拉思（今中亚江布尔城）取道咸海、里海以北，穿行康里、钦察草原抵伏尔加河下游的撒莱；再由此或西去东欧，或经克里米亚半岛过黑海至君士坦丁堡，或经高加索到小亚细亚。14 世纪来华传教的意大利人孟德科维诺曾说，这是欧亚间最短、最安全的路。一条由阿力麻里入中亚两河地区，经撒马尔罕、布哈拉去呼罗珊（今阿富汗西北、伊朗东北）再达小亚细亚。这相互交叉的两大干线之间，还有不少支线和间道，正反映了以驿路为基本走向的欧亚贸易之路网络型结构的特点。

官营手工业的相对发达

元代官营手工业的发展，首先与蒙古对外扩张后的民族迁徙、掳掠工匠直接有关。蒙古贵族在立国之初就很重视发展手工业特别是武器制作业。由于本身经济技术水平较低，在对外战争中就特别注意掠占外族工匠。蒙古三次西征中，欧亚地区出现了大规模的民族迁徙，这些移民或战俘中很多是技艺精湛的各地工匠、技师。蒙古军队洗劫中亚名城撒马尔罕时杀掠甚酷，但却留下该城 3 万余名工匠分赐蒙古王公贵族，谪为工奴。这些西域工匠后来很多流散到中原内地。征服中原期间，蒙古统治者也十分注意保留工匠。窝阔台灭金后，通过检括得民匠 72 万户；忽必烈灭南宋后，经三次检括民匠，亦得 42 万户。这些匠户为国家诸色户计中之一种，世代相承。非经放免，子孙不得脱籍。蒙古军队征服欧亚所向无敌，军匠所制作精良武器的威力是重要因素之一。金哀宗曾说，蒙古之胜，乃"恃北方之马力，就中国之技巧耳"。

元帝国建立后，仍沿袭了这一传统，只是官营手工业大部分转为日用消费品、工艺品的生产。元政府在全国建立了大批官营手工局院进行集中生产。元大都及其附近地区设立了专为宫廷织造缎匹织染杂造人匠都总管府，下设绫锦局、纹锦局、弘州"纳失失"（一种高级金锦）局、荨麻林纳失失局等，还有专为诸王百官织造缎匹的大都人匠总管府。甘州与宁夏路一带，盛产白骆驼，以白驼绒与羊绒合纺之绒布，颇受国内外商人青睐。1281 年，元政府即在河西设"织毛缎匹提举司"，组织工匠生产这类产品。在南方，元政府还征集各地制瓷名匠，集中于景德镇的"浮梁瓷局"300 余座瓷窑进行徭役劳动。这些官营手工局院均有相当规模，少则几百户、多则上千户乃至几千户。还在成吉思汗时代，邱处机赴漠北，就在那里曾看到"汉匠千百人居之，织绫罗锦绮"。元代的发展，则更有甚之。

我们认为，元朝统治者如此重视并大力发展官营手工业，一方面固然出于皇室贵族统治阶级的奢侈消费需要；另一方面也是为了更好地满足官营内外贸易的需求，并以各种奢侈品、特产品"赏赐"前来朝贡的诸汗国使臣。众所周知，蒙古贵族重金银器皿而轻隐瓷器皿，上述景德镇瓷局大规模瓷器生产，显然主要为满足内外贸易需要。官营纺织局院的各类精美产品，也大量流入欧亚各地，甚至在今俄罗斯萨拉托夫附近乌维克村也出土过元代中式丝制对襟衫。

值得注意的是，尽管元代官营手工业在社会经济中消极作用甚多，但从另一角度看，官营手工业可凭借国家统治强权，集中全国技艺最精的工匠并具备最优良的生产条件，从而使其产品的质量和品级一般都可能在社会同类产品中居于最高水平。这样，既可最大限度地满足统治阶级的消费需要，又可使中国商品在域外通商中具有较强的竞争力。特别是在中世纪后期，西方已不同程度地掌握了中国某些特产品如丝绸、瓷器等的生产制作技术的情况下，元代官营手工业对于丝路贸易这种一定程度上的"出口商品生产基地"的意义和作用，更是不能忽视的。

丝路贸易再现兴旺景象

蒙古大帝国的建立，为东西方经济，政治、文化交往提供了有利条件和新的契机，加之蒙古统治者继续推行了唐宋以来对外相对较为开放的政策，鼓励对外贸易，一度因战乱阻塞而明显萧条的丝路贸易，再现兴旺景象。

中国北方地区贸易和民族贸易

在蒙古奴隶制统一国家建立之前，蒙古游牧部落已与北方邻近民族和地区进行着一定规模的商品交换。还在辽朝时，蒙古各部落就经常以牛、羊、马、皮毛等与契丹族等交易。至金朝辖蒙古各部后，也曾在沿蒙古草原边地设置榷场，"以易北方畜牧"。成吉思汗在与金朝决裂前，还曾向金朝贡岁币，而金主对其进贡也量行答赐。这实际上具有官方互市贸易性质。蒙古族缺乏骆驼，就以自己的牛羊与南边的西夏党项族交换骆驼。与中原汉族交换的则主要是粮食和纺织品，这些商品由"汉儿及'回回'等人贩入草地，鞑人以羊马博易之"。相对来说，蒙古人与色目商人的贸易往来更为频繁。1203年，"回回"商人阿三，随带羖羊、白驼等沿额尔古纳河在蒙古族人中交换貂鼠、青鼠等。在商品交换中，许多色目商人还与蒙古贵族建立了良好的关系，甚至参与了蒙古帝国的创业活动。他们或以经商为蒙古贵族筹助军饷，或作为蒙古使者出使中亚。蒙古西征后，与西域（狭义，此处仅指今新疆地区）的经济联系更有所加强。邱处机前往蒙古帝国，就曾在色楞格河上游成吉思汗王妃行宫看到"车帐千百"，王妃及其下人等食用的粮食，均由今新疆天山以南的骆驼商队长途贩运提供，"忝米斗白金十两，满五十两，可易面八十斤"。可见贸易额是相当可观的。

忽必烈建立多民族统一的元帝国后，中国北方各民族、各地区之间的经济往来更加密切了。这时的蒙古游牧民族，特别是其上层统治集团已逐步受到中原汉族文化的影响，对粮食、纺织品、饮料等需求越来越大。为鼓励商人前往漠北地区贸易，元政府不惜以"重利诱商贾致谷帛用物"。不但给北上通商的色目商人发给金银牌符以乘驿优惠，而且"特免收税以优之"。当时从内地销往漠北的商品主要是粮食、饮料、丝绸缎帛、镜子、银器等；蒙古草原的牲畜、皮、毛、筋角也南运中原。直到元朝末期，还对漠北进行过大规模的绢马交易。1352年，元朝政府曾以币帛各十万"从北边千户、万户所易马"。

元代中原地区不仅与漠北牧业经济区域保持着密切经济联系，而且同北方其他民族区域例如畏兀儿地区也有着长期稳定的经济交流。由于畏兀儿地区处于中西贸易之路要冲，又是少数民族聚居区域，因而这种经济交流更体现出国际贸易、地区贸易和民族贸易三者相互交叉、相互渗透的鲜明特色。马可·波罗途经喀什噶尔，就谈到这里的商人前往中原及世界各地做生意，经营的商品主要有棉布、马、驼、葡萄酒、葡萄干、玉等。棉花、西瓜等外来农作物正是通过畏兀儿地区为中介，在元代普及于中国中原和南方的。除喀什噶尔外，别失八里（今新疆济木萨尔附近）、哈喇火州（吐鲁番附近）也都具有上述那种三个层次贸易中心的特点。

元帝国与西域诸汗国的"朝贡贸易"

蒙古西征之后，在蒙古草原以西广大地域形成了四大汗国。虽然到元朝诸汗国事实上已成为各自独立的政权，但名义上仍奉元帝为大汗——"一切蒙古君主的君主"。既有这样一种名义上的臣属关系，它们与元中央帝国之间的各种联系和往来就是相当密切的。

元帝国与诸汗国之间的经济交流，除了下文将论及的商队贸易外，很重要的一个内容就是通过进贡与赏赐方式来进行的朝贡贸易。诸汗国向元帝国所献的贡品一般均为奢侈品和特产品，如西域的大珠、珍宝、玉器、水晶、驼马、文豹、狮虎、药物及特产的佩刀等。元帝国的回赐则有钞币、缎帛、绣彩、金银和东北特产猎鹰等。1327 年，"诸王槊思班不赛因等以文豹、西马、佩刀、珠宝等物来献。赐金钞万计"。在来华朝贡时，各汗国往往授命使者携带重金，以便来华后广购元朝各种特产，而使者本人也乘机贩运货物。"合赞给使者重金，俾在中国购买物品"。因此，每一批使团实际上包含着一支庞大的商队。

西域诸汗国与元王朝的进贡和赏赐关系，具有两个特点：第一，这种贡赐关系实质上是一种官方的易货贸易方式。所谓"贡献"和"赏赐"，不过反映了双方商品的交换。有一条史料，准确地点明了这种关系的实质。1330年，"诸王不赛因使者还西域，诏酬其所贡药物价值"。显然，"赏赐"使者，正是为补偿他们所献贡品的"价值"。但这里应指出，这种易货贸易主要根据双方产品的使用价值来进行，而并不在于其内在的劳动价值量；况且受到政治、外交因素的强烈影响，故一般是不等价的。中外贸易史上的大量事实表明，在这类朝贡贸易中，中方"赏赐"的实际价值量往往大于对方的"贡献"。正因如此，使朝贡贸易更具有吸引力，呈现了许多朝代外国商使不绝于途的情景。当然，这种不等价贸易的弊端也是显而易见的。第二，元代朝贡贸易充分体现了中国封建政治与经济的密切关系，继承了汉唐以来中国外贸必须服从外交、经济必须服从政治的传统。进贡与赏赐固然显示了中央帝国极力追求的至高无上的尊严和体面，实际上也是中央帝国对名义上臣属的汗国的安抚和间接控制；而边远汗国也以所谓贡献，或表明归附，避免与中央帝国的矛盾及冲突；或寻求支持和保护，以增强与第三国关系中的政治、外交地位。

东西方商队贸易

在蒙古西征之前，中亚腹地范围内的国际商队贸易就有一定规模。成吉思汗为了征服亚欧大陆，除了以武力掠夺邻近外族财富，还大力借助"回回"商队的长途贩运来筹措军饷。他曾多次派遣一些商队前往中亚各国进行贸易。1218年，一支由蒙古帝国出资组织的450人的商队，装运大批毛皮、丝绸、金银制品前往中亚花剌子模贸易。但花剌子模却劫夺了这批货物，这次事件成为蒙古大军第一次西征的导火线。

三次西征及南征后，蒙古帝国版图大大扩展。加之驿路的设立、欧亚交通网络的恢复，使欧亚广大地域范围内国际商队长途贩运活动再度兴盛起来。元代中外关系史的一些名著，如《马可·波罗游记》《通商指南》《柏朗嘉宾蒙古行记》《卢布鲁克东行记》《大可汗国记》《马黎诺里游记》《鄂多立克东游录》等都大量记载了丝绸之路上商队贸易的情况。

根据这些史料记载，当时在漫长的东西方陆路商道上从事商队贩运贸易的，计有欧洲拜占庭帝国的君士坦丁堡、波兰、奥地利、捷克、俄国、意大利威尼斯、热那亚以及早期北欧汉撒同盟等地商人，有由西域蒙古诸汗国及其后裔统治的西亚、中亚地区的商人以及中国色目商人等等。欧洲和中、西亚商人一般都携带大量金银、珠宝、药物、奇禽异兽、香料、竹布等商品来中国或在沿途出售，他们所购买的主要是中国的缎匹、绣彩、金锦、丝绸、茶叶、瓷器、药材等商品。由于从欧洲到中国路程十分遥远、沿途地理气候条件也非常复杂险恶，盗劫之虞又难免不会发生，"然若结队至六十人同行，即当最危之际，亦与居家无异"。所以商人的长途贩运，一般都必须集成数十人以上的商队结伴而行，且需随地雇佣翻译、随带必要的食品、什物、料草等。元代来中国的外国商人、商队为数之众，在外国史料中多有印证。《马可·波罗游记》中几处写道：元大都外城常有"无数商人""大量商人"来往止息，"建有许多旅馆和招待骆驼商队的大客栈……旅客按不同的人种，分别下榻在指定的彼此隔离的旅馆"。既为不同人种，无疑为外国客商。《通商指南》也指出，"……汗八里都城商务最盛。各国商贾辐辏于此，百货云集"。

外国来华商队具体的贸易活动，见诸史籍者极少，仅裴哥罗梯的《通商指南》一书较为详细。裴哥罗梯(Pegolotti)系意大利佛罗伦萨大商人，其书《通商指南》大约于1340年写成。该书在总结元代欧洲商人来华经商的丰富经历的基础上，介绍提供了对华贸易的基本知识和注意事项，是一本常识性的工具书。书中涉及的对华贸易商品价格及贸易额，属于那种经验性的数据，反映了一般情况下的正常水平。

据裴书所载，外商进入元帝国境内后，须将所带金银兑换为中国通行的纸钞。每四张纸钞（面额无考）换银一索摩（Sommo），每一索摩银价值欧洲佛罗林金币（Florins，相当于英币9.6先令）5枚。而每索摩之银在中国可购买华丝19—20磅（意大利热那亚磅，实际重量无考），花绫缎子三匹半，或纳失梯（前文纳失失之复数，金锦）三匹半至五匹。来华商人一般平均每人载运之货约值25000余佛罗林（约12000英镑），即相当于5000索摩银。即使扣除往返长途贩运较大的成本和消耗，粗略估算仍可购买中国锦缎10000匹左右。倘以数十人的商队总计，贸易额至少在20万索摩银以上，看来数额是相当惊人的。不过这里必须指出，考虑到裴书在记载、转录、翻译等环节上的准确性程度，以及当时各国货币、计量单位之间，古今货币、计量单位之间复杂的换算关系，上述商品价格及贸易额还有待进一步精确考订。但是这毕竟在一定程度上反映了当时中外商队贸易的盛况，堪称丝绸之路贸易研究中弥足珍贵的参考资料。

元蕃商

元代，中国与西亚、中亚诸国均在大蒙古帝国一体之内，陆上丝绸之路随着军事活动的需要和驿站制度的建立，通达无阻，形成"适千里者如在户庭，之万里者如出邻家"的局面，为大批"回回"商人东来提供了方便。

元代的"回回"商人利用其政治地位的优势和国家对商业活动的保护政策，充分展示了他们善于经商的特长，"多方贾贩"，其足迹遍及全国，对繁荣经济、促进物资交流有一定的贡献。如在地处河西走廊的肃州东关，专设有"回回"人经商的街道，其"富庶与城内埒"。"回回"商人主要活动于全国大小城镇，把国外进口的包括象牙、犀角等在内的宝物，各种布匹，沉香、檀香等香货，不同种类的珍贵药物，以及木材、皮货、牛蹄角、杂物等商品贩运至大都、上都等城镇，把南方的粮食输往大都、上都及北方缺粮地区，又不辞劳苦地把中原的物资运销至漠北等边远民族地区。如亦集乃路（今内蒙古额济纳旗东南）地处边陲，是草原丝绸之路纳怜道驿路上的重要枢纽，也是通过大戈壁进入蒙古腹地之前的供给基地。元时这里有不少"回回"商人在此经营。他们在沟通大漠南北物资交流、维护草原丝绸之路畅通方面做出了很大贡献。

元廷规定"往来互市，各从所欲"。"回回"商人既由陆路通商，又由海道兴贩。对于由海陆两道而来的"回回"商人，元朝仍予以优厚待遇。东来的"回回"商人具有雄厚的经济势力，其商业活动直接影响元朝财政，他们来华贸易中交纳的关税和其他"例献"之物，是元朝中央与地方政府重要的财政来源。

元代在市舶司管理、市舶条例制订等方面在宋代基础上进一步完善，外贸商品种类更多，与中国发生外贸关系的国家和地区更加扩大，海上丝绸之路进一步延伸，交通繁忙畅通，海外贸易空前繁荣。当时与中国交往的海外国家和地区，见于文献的就有220个左右，数量上是南宋《诸蕃志》的4倍多。

在对外贸易中，"回回"人对元代市舶司的建立与扩大、市舶制度的完善、招徕海外客商来华贸易等方面，贡献很大。至元十四年(1277年)，元朝在泉州、宁波、上海、澉浦等地相继设立市舶司，后又增设温州、杭州、广州三地市舶司。"回回"商人利用已经取得的政治、经济优势，基本控制了元朝海外贸易。

元代海外贸易的展开，"回回"人蒲寿庚在其中起了很大作用。南宋末，蒲寿庚在泉州市舶司任职。宋度宗咸淳年间，宋廷命为福建安抚沿海都制置使，仍兼提举市舶。蒲寿庚拥有大量海舶，且握有重兵。至元十三年（宋景炎元年，1276年）十二月，蒲寿庚以泉州降元。蒲寿庚降元后，元政府以为"寿庚素主市舶"，仍留他主持泉州市舶司的工作。他以其家族在蕃商中的巨大影响，积极招徕外舶商船，扩大泉州海外贸易的范围，推出优惠政策，以鼓励更多的外商来华贸易。蒲寿庚之后，其子蒲斯文继任泉州提举市舶司。在他们的积极经营下，大批"回回"商人云集泉州，"货物堆积如山"。据现存泉州伊斯兰教石刻，元时在泉州活动的穆斯林，分别来自也门、哈姆丹、土耳其斯坦的玛利卡、波斯的施拉夫、设拉子、贾杰鲁姆、布哈拉、花剌子模、霍拉桑、伊斯法罕、大不里士、吉兰尼等地。这些在泉州定居并葬于斯地的穆斯林，许多是从事外贸的商人及其眷属。元末来华的阿拉伯旅行家伊本·白图泰也讲：刺桐港（即泉州）"是世界大港之一，甚至是最大的港口。我看到港内停有大艟克约百艘，小船多得无数。"蒲氏父子为元代外贸事业的发展、从市舶司的建立到具体运作，都起了很大的作用，使唐宋以来中国蓬勃开展的外贸事业发展到元代出现了鼎盛的局面。

当然，其他"回回"商人所起的作用也是不能低估的。继蒲氏父子之后，担任市舶司提举的还有马合谋、沙的、赡思丁、木八剌沙、哈散、倒剌沙、八都鲁丁、亦思马因、暗都剌、忽都鲁沙等10名"回回"人。

又如元初著名的"回回"巨商佛莲，"蒲氏之婿也"，财力非常雄厚，拥有海舶80艘以上，是名副其实的船王。至元三十年（1293年）佛莲病卒后，所留财物中，仅珍珠就有130石。

元代另一贸易大港广州，虽因宋元战争屡经战火，使广州海外贸易一度遭受损失。但随着战争的结束，凭借其悠久的外贸传统、居住在广州的数以万计的"回回"商人与海外的联系，广州的外贸很快得到恢复。

明清以来，由于中西社会经济的消长和中国外贸政策的收缩，丝绸之路，特别是海上丝绸之路国际贸易陷于委顿，无复前代那种蕃舶云集的盛况。但是，回族继承了先民的商业传统，继续活跃于陆上丝绸之路，在明清与中亚、西亚的陆路贸易和西北民族贸易中起着重要作用，对我国商业经济的继续发展做出了贡献。

丝绸之路上的贸易中心

在元代丝路畅通、欧亚大陆各种层次的经济交流骎骎兴旺之际，作为东西方国际贸易枢纽或与国际贸易有密切关系的地区性、民族性商品市场和物资集散地的一批贸易中心相应形成和发展。当时从西方到东方，有以下一些较大的贸易中心：

讨来思(Tauris)。即今伊朗西北部的大不里士。这里西接紧邻欧洲拜占庭帝国的小亚细亚，东连通往中国的丝绸之路西段南道，北距丝路西段北道重要商镇塔那（Tana，今亚速海边）、撒莱（Sara，今里海北、伏尔加河东岸）不远，南可通向欧亚陆路贸易与海路贸易的交换中心忽里模子（今霍尔木兹），元代"全世界几乎都跟该城有贸易往来"。被称为中世纪欧亚贸易的"接触点"。

诺夫哥罗德(Hougorod)。即今莫斯科以东的下诺夫哥罗德。这里是亚洲与西、北欧经济交流的枢纽。元朝后期中国北方和中亚的商队常常在这里与欧洲汉撒同盟各城市从事水上运输的商人互换货物。下诺夫哥罗德至今仍有一个区被称为"契丹区"，莫斯科也保存了一条名叫"契丹街"的街道。丝绸之路西段的其他贸易中心，还有孙丹尼叶（Soldannia，今伊朗北部、里海南）、塔那、撒莱、靖塔昌（Gintarchan、今阿斯特拉罕)等。

玉龙杰赤（Organci）。即今土库曼斯坦的库尼亚乌尔根奇，曾为中亚花剌子模古都。此城是中亚地区"回回"商队与欧洲、西亚商队商品交换、货物中转的枢纽。《通商指南》曾述，欧洲商人欲来中国者，可携带竹布等货物至玉龙杰赤，这里"商务繁忙，货到即可销出"。中亚地区的贸易中心，还有塔剌思（今中亚江布尔城）、阿力麻里等。

元大都，西方人称汗八里（今北京）。元代中外史籍几乎都记述了元大都作为东方国际贸易中心的无可争议的地位。这里"各国商贾辐辏，百货云集"。《马可·波罗游记》曾以一章的篇幅介绍元大都国际贸易的盛况："凡世界上最为珍奇宝贵的东西，都能在这座城市找到……这里出售的商品数量，比其他任何地方都多。"元朝中国境内丝路重要商镇还有可失哈耳（喀什噶尔），这里的纺织品"由国内的商人运销世界各地"。河西走廊的肃州，这里附近"山上出产的一种质量非常好的大黄。别处的商人都来这里采购，然后行销世界各地"。另外还有别失八里、哈喇火州等。

元代丝路贸易在中西关系史上的重要地位

第一，元代丝路贸易对世界中世纪史上空前规模的一次东西方物质、精神文明的大交流、大融汇做出了重要贡献。

十二三世纪，蒙古游牧部落以中国北方草原为基地的崛起、强盛以至建立拥有辽阔疆域、强大政治军事实力的蒙古大帝国，强烈地影响了世界历史发展进程。其中至为重要的一点，就是在客观上通过欧亚广大地域范围内的民族大迁徙、大融合形成了人类历史上前所未有的东西方文化的广泛交流。中国的四大发明造纸、指南针、火药、印刷术在元代之前已开始传入西域，但真正为欧洲人所了解、应用，恰恰都在这一时期。而其传播媒介和渠道，往往就是域外通商。13 世纪伊利汗国为仿制元朝纸钞，首次在伊朗采用雕版印刷术，从此就开始传入欧洲。中国的茶叶，最早通过西夏和高昌回鹘带入西域；13 世纪后才通过色目商人经商传入西亚和俄罗斯。同样，后来在中国社会经济中影响重大的棉花栽培、棉纺技术正是在元代中外贸易的高潮中普及于中国南北方的。

马克思曾高度评价东西方文化交流（如中国四大发明西传）对人类社会进步的巨大作用。我们认为，元代丝路贸易既作为东西方文明交汇的产物维系着欧亚大陆各国、各地区、各民族之间的经济联系，又以其丰富多彩的国际商品交换，扩大和深化着东西方文化交流的内涵，因而在中世纪国际关系史中占有举足轻重的地位。

第二，元代丝路贸易恢复了宋朝以来基本中断的东西方国际陆路贸易，为明代前期中西陆路贸易奠定了基础。

丝绸之路规模性贸易，兴起于西汉，发展于魏晋南北朝，至唐代达到鼎盛。之后，丝路贸易在中国域外通商的地位开始下降并逐步趋于衰落。其间由于北宋西北地区民族割据政权阻隔，东西方陆路国际贸易曾一度中断。至元代丝路古道的重新开通，恢复了东西方通过陆路进行的经济、政治、文化的交流。中西陆路通商再度崛起，并且俨然一派兴旺景象。可见元代丝路贸易完全继承了汉唐以来东西方经济交流的历史传统，延续了这一在人类文明史上影响十分深远重大的经济活动。同时，元代丝路贸易又为明代前期中西陆路通商奠定了基础。据明代有关史料记载，欧洲、西亚的商队仍沿着元代丝路古道来华交易一些传统的商品。如波斯商人哈智摩哈美德就率商队来到河西走廊购买《马可·波罗游记》中所载的肃州大黄，他们"运大黄甚多，来威尼斯市出售"。此外，原四大汗国的后裔帖木儿帝国等中、西亚王朝，也仍继承原蒙古诸汗国的传统，在较长时期保持着与明王朝的朝贡贸易关系；而当上述王朝受外族入侵瓦解后，这种朝贡关系则不复存在了。这些事例充分显示了元代丝路贸易对明代的深远影响。

丝绸之路主要的交易源于胡商组成商队进行的长途贩运，其性质属于一种转运贸易。商人们在丝路沿线建立商业据点，在经商的同时，也传播着文化。

> 边城暮雨雁飞低，芦笋初生渐欲齐。
>
> 无数铃声遥过碛，应驮白练到安西。

唐代诗人张籍的这首《凉州词》，给我们展现出这样一幅生动的丝供给基地。元代时有不少"回回"商人在此经营。他们在沟通大漠南北物资交流、维护草原丝绸之路畅通方面做出了很大贡献。

元廷规定"往来互市，各从所欲"。"回回"商人利用其政治地位的优势和国家对商业活动的保护政策，既由陆路通商，又由海道兴贩。对于由海陆两道而来的"回回"商人，元朝仍予以优厚待遇。东来的"回回"商人具有雄厚的经济势力，其商业活动直接影响元朝财政，他们来华贸易中交纳的关税和其他"例献"之物，是元朝中央与地方政府重要的财政来源。

元代在市舶司管理、市舶条例制订等方面在宋代基础上进一步完善，外贸商品种类更多，与中国发生外贸关系的国家和地区更加扩大，海上丝绸之路进一步延伸，交通繁忙畅通，海外贸易空前繁荣。当时与中国交往的海外国家和地区，见于文献的就有 220 个左右。多次到过泉州的马可·波罗称泉州为世界最大良港。1345 年，摩洛哥旅行家伊本·白图泰在泉州登岸，看到千帆竞发、外商云集、贸易兴盛、港口壮丽，也赞扬泉州"即使称作世界最大港，也不算过分"。海上丝绸之路由泉州伸向世界各地，东通日本、朝鲜，西接东南亚，通过印度洋直指地中海世界，将中国丝绸、瓷器不断输出，特别是瓷器输出在元代已越来超越丝绸，成为中华文明的象征。

与元朝通商的国家

与元朝通商的国家：三岛、民多郎、真腊、无枝拔、丹马令、日丽、麻里鲁、彭亨、吉兰丹、丁家卢、八都马、尖山、苏禄、班卒儿、文老古、灵山、花面国、下里、麻那里、沙里八丹、土塔、忽厮离、假里马打、古里佛、放拜、万年港、天堂、忽鲁模斯等 200 多个国家和地区（根据南昌人汪大渊的岛夷志略）。

第九章　大明丝路的衰落

蒙古王朝皇位更迭频繁，每当新帝即位都要大规模赏赐，平时节令赏赐也很多。加之皇室崇信佛教，大肆赐赉，导致国库空虚，故而发行了没有金属储备的纸钞，从而引起通货膨胀。元朝末年，整个经济体系崩溃，各种矛盾相互作用，最终导致其不足百年而亡。

明朝建立

明朝（1368—1644 年）是中国历史上最后一个由汉族建立的封建王朝。1364 年（元至正二十四年），朱元璋建立王朝称吴王，定都为应天府。1368 年，大将徐达率领明军攻陷大都，正式建立明朝。

朱元璋画像 |

明朝丝绸之路商旅兴盛

有明一代，丝绸之路是中国与外界联系与交往的主要通道之一。当时，外国商人以贡使的名义，通过丝绸之路与中国进行着广泛而频繁的商贸活动。对于他们带来的所有物品，除粗劣之物外，明朝一概准许入境。其主要物品有马匹、骆驼、狮子、钻石、卤砂、宝石、地毯、纸张、葡萄干、金银器皿、宝刀等。西域商人以此来换取中国的瓷器、红玉、丝绸、布匹、棉花、花毯、茶叶、乌梅、麝香、大黄、颜料、金箔、桐油等。正如《明史·西域传》所载："回人善营利，虽名朝贡，实图贸易。"

为了确保丝路贸易的正常进行，明朝政府制定了一系列严格的管理措施。第一，每一使团进入嘉峪关时，必须出示关文，并逐一登记，不能随意入关。无关文者或超过关文所载人数者不得进入。第二，外商在明朝境内从事贸易时，不得漫天要价，不得大量收购禁卖物品，如茶叶、罗绮、箭竹等，不能将熟铁、兵器等夹带出关。第三，外商必须遵守中国法令，不得殴打中国居民，不得刺探军事情报，不得携带中国人口出境。违者将被逐出中国，并记录在案，取消以后入境从事贸易的资格。第四，外商出关时，要接受严格检查，凡携带违禁物品者，将予以

| 嘉峪关城楼

没收。

　　明朝为了体现对朝贡贸易的高度重视，对于合法的商人，在其入关之时，由甘肃镇官员设宴而举行隆重的接待仪式。丰盛的酒席使那些长途跋涉、历经千难万险的外商对明代中国油然产生敬仰之情。在其入关以后，明朝为其免费提供食宿和驿递。为了维护明朝的形象和确保丝路贸易的顺利进行，明廷要求丝绸之路沿线的各级官员廉洁自律，不得敲诈外商。一旦被外商告发，且查证属实，将予以严厉的惩处。

　　对于进入嘉峪关的外国商人，当地官员按照有关规定，将其分为"起送"贡使与"存留"贡使两类。其中起送者只是某一使团中的极少数人。一般而言，起送使臣只占该使团人数的十分之一，最多不超过十分之二三。《明史·哈烈传》载："祖宗故事，惟哈密每年一贡，贡三百人，送十一人赴京，余留关内，有司供给。他若哈烈、哈三、土鲁番、天方、撒马儿罕诸国，道经哈密者，或三年、五年一贡，止送三五十人。"相比之下，他们是贡使中的幸运者。他们在前往北京的途中，"舒适安歇而不缺乏任何东西"，"到处都设备齐全，在往返途中都一样，任何时候都有同样的排场"（《丝绸之路》第179页）。他们代表所在国国王，并随身携带部分侍从，通过肃州（今酒泉）、甘州（今张掖）、凉州（今武威）、庄浪、兰州、平凉、西安、潼关、临清等地而至北京，须在春节之前到达，利用新年之际觐见皇帝。他们每到一地，当地官员都要组织一次出色的盛会，欢迎他们的到来。同时，起送使臣可以在所经过的城镇做短暂的游览，但不得从事交易。他们的大部分行李存在甘州等地，只携带一部分优质商品前往北京。在由驿递运至北京后，一部分贡献于皇帝，另一部分允许在北京市场上出售，并可获得皇帝的优厚赏赐，以体现明朝在朝贡贸易中所奉行的"厚往薄来"原则。明朝将起送使臣分为五等，分别给予不同的赏赐。据葡萄牙人曾德昭所著《大中国志》载："这些撒拉逊人告诉我，他们献给皇帝的礼物，在他们本国不过值 7000 克朗，但皇帝为他们使团旅行而赏赐他们的不少于 50000 克朗价值，颇有赢余。"在觐见完毕后，起送使臣由原路返回。

使团中不在起送之列者，便是存留使臣。这类使臣占整个使团的十分之七八。存留使臣的名单及贡物由起送使臣带到北京，亦按五等得到皇帝的不同赏赐，无贡品者也能得到一匹绢或布。相形之下，存留使臣的赏赐少于起送使臣。使臣的另外所得主要来自于陕西行都司的收购和在河西走廊市场上的交易。因为起送使臣带往北京的只是其全部商品中的一小部分，所以其大多数商品由存留使臣在甘州、肃州等地代为出售，而马匹全由陕西行都司收购，用于西北边地的耕防。

明朝还允许外商在中国永久居住。利玛窦言：外商中，"有很多已在此地（指肃州）娶妻，成家立业，因此他们被视为土著，再也不回他们的本土。……根据法律，在那里居住了九年的人就不得返回他自己的本乡"。（《利玛窦中国札记》第 560 页）

由于明朝对丝绸之路管理得当，绝大多数外商都能按照明朝的法令从事贸易，使汉唐以来的丝绸之路在明代大放异彩，丝路贸易再度繁荣，并形成了独特的贸易景观。据《大中国志》）载：明代陕西行省是"大批商货汇集之地。"终明之世，丝绸之路上的外商不畏艰险，络绎于道，接踵叩关。而明朝通过对丝绸之路的管理稳定了西北边疆，与广大的西域世界进行着广泛的接触。长期和平友好的频繁贸易是明代丝绸之路的主旋律，使其成为开放之路、商业之路和旅游之路，对这一时期西北地区的稳定、发展和观念更新具有十分重要的意义。"开中"实施造就的晋商崛起——

明初，为防御蒙古侵扰，在东起鸭绿江西至嘉峪关，先后设置了辽东、宣府大同、延绥、宁夏、甘肃、蓟州、太原、固原等九个军事要镇，并在各地屯兵。"九边重镇"，山西有二。山西的商人、耕地不足和破产的农民，蜂拥而至，走上了商路。明朝初期实施的开中制对晋商的崛起有着非常重要的影响。这样，山西在明代便涌现了一批靠贩粮贩盐发家致富的大商贾，散见于各类史籍的有蒲州的范世逵、洪洞李映林、临猗阎天杰、太原阎居暗、大同薛氏和李氏。而最闻名的是以商发家、官商结合的蒲州的张四维家族。

张四维，明朝万历隆庆年间曾任吏部右侍郎、内阁大学士，张四维的父亲、叔父、三弟及姻亲王氏都是明代山西蒲州（今永济）的大商人，而张四维与舅父王崇古都是明朝权势显赫的大臣。

从张氏经商的活动地区来看，他们经营过盐业，还经营过粮食、绸布、竹木、皮张等商品。

张氏经商致富于嘉靖年间。特别是他的三弟张四教外出经商后，获利最多，张氏后期所获之利，不过十倍于初期。张氏一家致富后的财产，虽无具体数字，但从三方面略见端倪：其一是金银多；其二是庄园土地多；其三是房屋住宅多。

在蒲州与张四维家族齐名的还有和张四维联姻的蒲州官商王氏。

王氏明初从汾阳迁居蒲州，自王冲文、王彦纯、王秉信、王景产、王荣，传至王馨。王馨官居邓州学正，其子王瑶是商人。王瑶生财而有道，行货而敦义。"贸易邓、裕、襄、陕间，而资益丰"。"行货张掖、酒泉间"，"复货盐淮、浙、苏、湖间，往返数年，资及复丰"。王瑶之兄王现也是大商人。据明人李梦阳《空同集》记载：王现"初为士不成，乃出为商，尝西至洮陇，逾张掖、敦煌，穷玉塞，历金城，已转而入巴蜀，沿长江下吴越，已又涉汾晋，践泾原，迈九河，翱翔长芦之域……百货心历，足迹且半天下。"王瑶长子王崇义为盐商，三子王崇古历任刑部主事、陕西按察、河面布政使、右副都御史、兵部右侍郎、总督宣大、山西军务。隆庆四年（1570年）俺答孙把那汉吉请降，王崇古力主以此为契机，与俺答议和互市。

此外还有杨继美、范世逵等。

得天独厚的地理条件，明初实行开中制与商屯制度，晋商便捷足先登，成为开中商人的主体。

到了明中叶，东面沿海的富庶，使得倭寇垂涎三尺。倭寇侵犯频繁，为了保家卫国，掀起了轰轰烈烈的抗倭斗争，徽商也毅然投入这一斗争行列中来。徽商们或捐资筑城、募勇抗倭；或出谋划策领导抗倭；或弃贾从戎，杀敌疆场。如巨商程锁，商人汪福光、吴烈夫、汪忠浩、凌珊、租之定、汪新、徐正、阮弼、程良锡、程壁等。

明末清初私人海上贸易集团大致可以分为三个大集团：一是许栋兄弟、王直、徐海等江浙皖海商；二是洪迪珍、张琏、吴本、曾一本、林道乾、林凤的闽广海商；三是郑芝龙和郑成功父子的南安安平海商。

吴金薄，明末天启时大商人。在边疆以经营金箔业致巨富，其财产多得惊人，先后借给朝廷的银两多达200万，朝廷不仅不还，在崇祯八年（1635年）以莫须有的罪名，抄了他的家。

姚辇，明万历年间大商人，累资巨万。因死后无嗣，朝廷利用其从侄等人争夺继承权之机，查封了其家产，以充国库。弘治时，大珠宝商冯谦、王通、李样、王智、夏线儿等，都因莫须有的罪名被朝廷强行逮捕入狱，财产皆抄没。

明朝政府曾多次下令沿海各地厉行海禁，禁止渔民与海外通商。一方面，三令五申不准国内居民私人出海贸易。另一方面，又限制外商来华贸易，实行"朝贡贸易"制度。朝贡贸易是指海外诸国与明朝之间进行的以"朝贡"为名的有限制的贸易，比较死板、僵硬，并且来华朝贡的货物，首先全部由官府收购，以"赏赐"方式给价。历史证明，"朝贡"制度作为明朝政府政策的重要组成部分，已经大大落后于新兴的经济基础，落后于沿海居民的实际需求。

明朝的海禁政策，一方面为打击方国珍余部势力和防范倭寇在沿海劫掠；另一方面也满足了皇室对东南亚的香料等奢侈品的需求。郑和下西洋（1415—1433 年）就是在这样的背景下出现的。郑和远航的船队规模浩大，最多时达 2.7 万人，船只 200 多艘，航程远达东南亚、印度洋、波斯湾、东非海岸 39 个国家和地区。

郑和下西洋

我国明代的伟大航海家开桌伊斯兰教的有名望的家庭。根据郑和父亲的《马公墓志铭》《郑和世系家谱》及其他相关资料可知：郑和远祖是西域人，宋朝时迁入中原。他的祖父、父亲都曾去过伊斯兰教圣地天方（今沙特阿拉伯的麦加）朝圣，被人们尊称为哈只（意即巡礼人或朝圣者）。

郑和出生于明太祖朱元璋洪武年间。洪武十四年（1381 年）朱元璋派大将傅友德率军攻占云南，战乱中郑和被俘阉后随傅友德征战多年。洪武二十三年（1390 年），郑和随军到了燕王府，成了燕王的近侍。由于"公勤明敏，谦恭谨密，不避劳勚"，深得燕王的信任。

燕王朱棣是明太祖朱元璋的第四子。洪武三十一年（1398 年）朱元璋病死，由于太子朱标早死，由皇太孙朱允炆继位，是为惠帝（也称惠宗），年号建文，故又称建文帝。对此诸王多有不服，诸王中燕王实力最大。建文帝为巩固中央皇权，采纳大臣齐泰、黄子澄的削藩建议，削了一些藩王，于是朱棣以"清君侧""靖难"为由，于建文元年（1399年）八月起兵发难，史称"靖难之役"，历时四年。建文四年（1402 年）六月，朱棣攻占南京，建文帝下落不明。朱棣登上皇帝宝座，年号永乐。

1403 年为永乐元年，史称明成祖，又称永乐帝。"靖难之役"中的郑村坝(在北平东南)一仗，是关键一战。在该战役中，郑和建立军功。永乐二年正月初一 (1404 年 2 月 11 日)，朱棣赐他姓"郑"，自此，改原名"马和"为"郑和"。同时又升任为内官监太监(正四品)。

明成祖朱棣为加强对外友好交往，强调"宣德化而柔远人"，"共享太平之福"，提高明帝国在东南亚和海外国家的威望，沟通国际贸易、促进中外文化科技交流，于永乐三年 (1405 年)任命郑和为出使西洋各国的正使总兵太监，并六次派他下西洋。永乐二十二年(1424 年)八月，朱棣病死，其子朱高炽即位，为明仁宗，改年号为"洪熙"。仁宗下令下西洋的船队全部停止活动。洪熙元年 (1425 年)二月，明仁宗命郑和任"南京守备"率下西洋的官兵守卫南京。

洪熙元年 (1425 年)五月，明仁宗去世。其子朱瞻基即位，是为宣宗，改年号为"宣德"。明宣宗看到郑和下西洋停止后，海外诸国与中国的关系渐渐疏远，"外藩贡使多不至"。为扭转这种局面，宣德五年闰年十二月 (1431 年 1 月)，又派郑和第七次下西洋。宣德八年(1433 年)三月，在返航途中郑和病逝于古里。七次下西洋的实践，证明了郑和是一位伟大的航海家，也是一位杰出的外交家和军事统帅。

这位海之骄子，殉职于他热爱的航海事业。郑和墓在南京城外牛首山。郑和因无子立其兄马文铭之子为嫡子，名赐，字恩来。

1405 年 7 月 11 日明成祖命郑和率领庞大的 240 多艘海船、27400 名士兵和船员组成的远航船队，访问了 30 多个在西太平洋和印度洋的国家和地区，加深了中国同东南亚、东非的友好关系。每次都由苏州刘家港出发，一直到 1433 年，他一共远航了有 7 次之多。最后一次，宣德八年四月回程到古里时，在船上因病过世。民间故事《三保太监西洋记通俗演义》将他的旅行探险称之为"三保太监下西洋"。

郑和曾到达过爪哇、苏门答腊、苏禄、彭亨、真腊、古里、暹罗、阿丹、天方（阿拉伯国家）、左法尔、忽鲁谟斯、木骨都束等30多个国家，最远曾达非洲东海岸，红海、麦加（伊斯兰教圣地），并有可能到过今天的澳大利亚。

下"西洋"的定义：明朝初期以婆罗/文莱为界，以东称为"东洋"，以西称为"西洋"，故过去所称"南海""西南海"之处，明朝称为"东洋""西洋"，且暹罗湾之海，称为"涨海"。

从1405年到1433年，从刘家港出发，最远到达非洲东海岸和红海沿岸。

第一次下西洋

永乐四年（1406年）六月，郑和第一次下西洋，顺风南下，到达爪哇岛上的麻喏八歇国。爪哇古名阇婆，今印度尼西亚爪哇岛，为南洋要冲，人口稠密，物产丰富，商业发达。

当时，这个国家的东王、西王正在打内战。东王战败，其属地被西王的军队占领。郑和船队的人员上岸到集市上做生意，被占领军误认为是来援助东王的，被西王麻喏八歇王误杀，计170人。郑和部下的军官纷纷请战，说将士的血不能白流，急于向麻喏八歇国进行宣战，给以报复。

"爪哇事件"发生后，西王十分惧怕，派使者谢罪，要赔偿6万两黄金以赎罪。郑和第一次下西洋就出师不利，而且又无辜损失了170名将士，按常情必然会引发一场大规模战斗。然而，郑和得知这是一场误杀，又鉴于西王诚惶诚恐，请罪受罚，于是禀明皇朝，化干戈为玉帛，和平处理这一事件。明王朝决定放弃对麻喏八歇国的赔偿要求，西王知道这件事后，十分感动，两国从此和睦相处。

爪哇岛三宝垄纪念郑和六百周年活动组委会成员向记者谈及此事，都十分敬佩，说郑和对各国不论强弱亲疏，平等对待，一视同仁，即使两国发生冲突，仍能保持极大的克制，委曲求全，以理服人，表现出对邻国的和平共处、睦邻友好，使中国和印尼两国人民的传统友谊源远流长，我们定居在这里也感到脸上有光，我们以郑和为骄傲。

印尼的学者认为，郑和舰队是当时世界上最强大的海上特混舰队。而郑和七下西洋的 28 年中，真正意义上的对外战争仅有锡兰（今斯里兰卡）一次，而且是在被迫无奈的情况下的防卫性作战。郑和在处理"爪哇事件"中，不但不动用武力，而且不要赔偿，充分体现了郑和是传播和平的使者，他传播的是"以和为贵"的中国传统礼仪，以及"四海一家""天下为公"的中华文明。

第二次下西洋

永乐五年九月十三日（1407 年 10 月 13 日）。郑和回国后，立即进行第二次远航准备，主要是送外国使节回国。这次出访所到国家有占城、渤尼（今文莱）、暹罗（今泰国）、真腊（今柬埔寨）、爪哇、满剌加、锡兰、柯枝、古里等。到锡兰时郑和船队向有关佛寺布施了金、银、丝绢、香油等。永乐七年二月初一（1409 年 2 月 15 日），郑和、王景弘立《布施锡兰山佛寺碑》，记述了所施之物。此碑现存科伦坡博物馆。郑和船队于永乐七年（1409 年）夏回国。

第二次下西洋人数据载有 27000 多人。

第三次下西洋

永乐七年九月（1409 年 10 月），船队从太仓刘家港启航，11 月到福建长乐太平港驻泊伺风，同年 12 月从福建五虎门出洋，顺风经过十昼夜到达占城，后派出一支船队从占城直接驶向暹罗。郑和船队离开占城又到真腊，然后顺风到了爪哇、淡马锡（今新加坡、满剌加）。郑和在满剌加建造仓库，下西洋所需的钱粮货物，都存放在这些仓库里，以备使用。郑和船队去各国的船只，返航时都在这里聚集，装点货物，等候南风开航回国。郑和船队从满剌加开航，经阿鲁、苏门答腊、南巫里到锡兰。在锡兰，郑和又另派出一支船队到加异勒（今印度半岛南端东岸）、阿拔巴丹和甘巴里。郑和亲率船队去小葛兰、柯枝，最后抵古里，于永乐九年六月十六日(1411 年 7 月 6 日)回到了祖国。

第四次下西洋

永乐十年十一月十五日 (1412 年 12 月 18 日) 朝廷令郑和进行规模更大的一次远航。永乐十一年 (1413 年) 冬开航。首先到达占城，后率大船队驶往爪哇、旧港、满剌加、阿鲁、苏门答腊。从这里郑和又派分船队到溜山——今马尔代夫群岛。而大船队从苏门答腊驶向锡兰。在锡兰郑和再次派分船队到加异勒，而大船队驶向古里，再由古里直航忽鲁谟斯(今伊朗波斯湾口)阿巴斯港格什姆岛。这里是东西方之间进行商业往来的重要都会。郑和船队由此启航回国，途经溜山国。后来郑和船队把溜山国作为横渡印度洋前往东非的中途停靠点。郑和船队于永乐十三年七月八日(1415 年 8 月 12 日)回国。这次航行郑和船队跨越印度洋到达了波斯湾。第四次下西洋人数据载有 27670 多人。

第五次下西洋

永乐十四年十二月十日 (1416 年 12 月 28 日)朝廷命郑和送"十九国"使臣回国。郑和船队于永乐十五年五月 (1417 年)冬远航，首先到达占城，然后到爪哇、彭亨、旧港、满剌加、苏门答腊、南巫里、锡兰、沙里湾尼(今印度半岛南端东海岸)、柯枝、古里。船队到达锡兰时郑和派一支船队驶向溜山，然后由溜山西行到达非洲东海岸的木骨都束(今索马里摩加迪沙)、不剌哇 (今索马里境内)、麻林 (今肯尼亚马林迪)。大船队到古里后又分成两支，一支船队驶向阿拉伯半岛的祖法儿、阿丹和剌撒(今也门民主共和国境内)，一支船队直达忽鲁谟斯。永乐十七年七月十七日(1419 年 8 月 8 日)郑和船队回国。

第六次下西洋

永乐十九年正月三十日（1421 年 3 月 3 日），明成祖命令郑和送十六国使臣回国。为赶东北季风，郑和率船队很快出发，到达国家及地区有占城、暹罗、忽鲁谟斯、阿丹、祖法儿、剌撒、不剌哇、木骨都束、竹步（今索马里朱巴河）、麻林、古里、柯枝、加异勒、锡兰山、溜山、南巫里、苏门答腊、阿鲁、满剌加、甘巴里、幔八萨（今肯尼亚的蒙巴萨）。永乐二十年八月十八日（1422 年 9 月 3 日）郑和船队回国，随船来访的有暹罗、苏门答腊和阿丹等国使节。

第七次下西洋

宣德五年六月九日。明宣宗朱瞻基命郑和再次出使西洋。同年闰十二月初六，船队从龙湾（今南京下关）启航，2 月 3 日集结于刘家港。在刘家港，郑和等立《娄东刘家港天妃宫石刻通番事迹碑》。船队到达福建长乐太平港，在南山三峰塔寺立《天妃灵应之记》石碑。两碑都记下了他们六次出航的历程。宣德六年十二月九日船队从五虎门出洋。这次远航经占城、爪哇的苏鲁马益、苏门答腊、古里、竹步，再向南到达非洲南端接近莫桑比克海峡，然后返航。当船队航行到古里附近时，郑和因劳累过度一病不起，于宣德八年（1433 年）四月初在印度西海岸古里逝世。郑和船队由正使太监王景弘率领返航，经苏门答腊、满剌加等地，回到太仓刘家港。宣德八年七月初六（1433 年 7 月 22 日）郑和船队到达南京。

元朝灭亡之后，随着航海事业的进一步发展，陆上丝绸之路的地位进一步下降。但是，对西亚、中亚和西域各地来说，丝路仍是到中原地区最方便的捷径。因此，明代海路虽然十分昌盛，丝路往来和贸易并未立即衰败。特别是中亚的帖木儿帝国兴起后，与明朝的使节往来不断。这些使团多以马匹、骆驼作为礼物贡献给明廷，明朝则以白金、文绮、纱锭等物回赠。1395 年（明洪武二十八年），明朝派遣给事中傅安、郭骥等率领了一个 1500 人的庞大使团赴帖木尔访问。帖木尔死后，明朝政府继续与帖木尔的继承者哈里和沙哈鲁保持着友好关系，先后派遣指挥白阿尔忻台、李达、陈诚等使团访问该国，该国也派庞大的使团来华访问。《明史》记载的这时期的商队一般都十分庞大。但是，这条完全依靠骆驼、马和驴子作为交通运载工具的交通线，随着明朝的日渐衰败和海上丝绸之路的兴起，终于日渐衰落，变成了象征中西友好往来的历史遗迹。

第十章　清朝丝绸之路

大清立国

公元 1616 年，女真贵族努尔哈赤建立后金政权。公元 1636 年（崇德元年），皇太极即皇帝位，改国号为清。顺治元年（1644 年）世祖入关，定都北京，逐步统一全国。清朝初年国势强盛，疆域西到今巴尔喀什湖、楚河、塔拉斯河流域、帕米尔高原，北到戈尔诺阿尔泰、萨彦岭，东北到外兴安岭、那霍次克海，东到海，包括台湾及其附属岛屿，南到南海诸岛，西南到广西、云南、西藏，包括拉达克。是当时亚洲东部最强大的封建国家。到 18 世纪后期，人口增至 3 亿左右。

丝路中断

由于清政府破坏了明朝时西北地区少数民族的融洽关系，这时在西北地区出现了风云激荡、干戈不止的政治局面。

这一时期，甘肃曾发生过多次回民反清斗争。清朝政府多次派兵镇压，结果使甘肃烽烟战火不息。在这种政治形势之下，甘肃段丝绸之路时通时断，中西往来使者和商旅大大减少，而且他们行进时除河西咽喉地必经之外，在陇右段的路线上，多避而不走原有的四条线路，而另选择开辟了一条比较安全、稳定的路线。这条路线从长安起，西北经咸阳、兴平、礼泉、永寿(今永寿西北)、那州(今彬县)、长武，进入今甘肃境。在甘肃境内，经径川、平凉，过萧关口（又称金佛峡，与秦汉时的萧关不是一地），向西到六盘山，下六盘山过隆德、静宁、会宁到安定（即今定西，这里是自唐末以来中原与少数民族进行茶马贸易的一个点。宋代元丰初年始筑定西城，元代改为安定），由安定西北行到达金县(即今榆中)，过金县即达兰州，由兰州过黄河进入河西走廊。

这条路虽在明代以前就有人走过，但记载很少，而在清代，这条路几乎成了由中原赴甘、宁、青、新的主要交通线路。许多著名的人物都走过这条路，清代嘉庆时人祁韵士的《万里行程记》、洪亮吉的《伊犁日记》、林则徐的《荷戈记程》、阔普通武的《偟中行纪》、冯坟光的《西行日记》、食仁的《莎车行纪》和光绪年间人陶保廉的《辛卯侍行记》等，都详细记述了这条通道的山川道里名胜古迹，为我们提供了这条路线的最详尽的资料。这些重要的历史资料说明，在清朝初年，虽然甘肃段丝绸之路受阻，对外经济贸易大大不如以前了，但还是存在的。"外藩"民族贸易是清政府应中亚等各部族封建主的要求而发展起来的，最先要求与清朝政府建立贸易联系的是左、右部哈萨克。此后，东西部布鲁特、浩罕、巴达克山、克什米尔等各部落也加入其中，从而使新疆的边贸活动呈现了空前未有的活跃场面。

哈萨克商队

清朝政府之所以将乌鲁木齐作为双方最初的商贸基地，和当时乌鲁木齐正在大兴屯田密切相关。商队为哈萨克人，由数人或数十人组成，数个商队又组成一个大商队，1759 年 8 月，以哈期伯克和乌穆尔巴图鲁为首的商队，就是由 4 个小商队所组成，人数达 260 多人。也有 190

余人的商队、470 多人的商队。每年二三次，有时五六次或七八次。商队贸易以马为大宗，交易商品以内地所产绸缎、布匹为主。

伊犁贸易是乌鲁木齐贸易的进一步延伸与扩充。贸易活动往来频繁，规模大。所带货物有马匹、大量牛羊、各色毛皮。塔尔巴哈台是继伊犁之后天山又一个重要贸易中心。1765 年，进入该地的贸易商队前后共有 5 起。

布鲁特商队

布鲁特人商队最著名的有三队：萨克雅、萨拉巴哈什、塔拉斯。

浩罕商队

浩罕商队是 18 世纪初年乌兹别克人在费尔干纳盆地建立起来的封建小国的商队。浩罕商队，大多数都从事中经贸易。他们将布鲁特人的牲畜、毛皮及中亚等地的土特产贩运到新疆，又将新疆及内地所产绸缎、布匹、瓷器等贩于中亚或俄罗斯等地。他们还大量转贩大黄、茶叶、玉石等。

清初丝绸贸易

清初实行闭关政策，厉行海禁，严重阻碍了东南沿海的对外贸易往来。到 1685 年始开放海禁，设立江、浙、闽、粤四处海关，以粤海关为主要港口，并自 1720 年起，官府又设立了专门主持进出口贸易的广州十三行，对经营业务进行垄断。在 1757 年又封锁其他各处海关，专限广州一处交易。丝绸仍为我国出口大宗物资，每年出口数量约为数百吨不等。据统计：1700 年为 33.6 吨，1717 年为 1009.7 吨，1731 年为 803.1 吨，1750 年为 320.6 吨，1753 年为 149.6 吨，其中以丝织品为主，生丝次之。自乾隆二十五年（1760 年）起，政府以生丝外运，向日本换回红铜，年销日本生丝 30 吨以上，输入红铜 1000 吨左右。至道光时，输入红铜数量逐步减少为 300 吨。在 1760 年后，西欧各国和美国康乃狄格州等处蚕业渐盛；丝绸生产技术亦有发展，织造机械性能逐步提高，法国于 1725—1799 年间，已制成龙头提花丝织机，我国相形见绌。1784 年美国"中国皇后号"商船首航来华贸易，采购丝绸等货品，获利甚厚，这是最早的美国商船。到 19 世纪初，对美国的丝绸贸易额，已跃居我国出口丝绸第二位，仅次于英国。当时我国丝绸外销主要为英美法等西欧国家，到 18 世纪后期，欧洲销量日减，并改变以生丝原料出口为主，丝织品次之。据统计：1790 年为 149.8 吨，1796 年为 95.5 吨，1806 年为 56.3 吨。

手工业

清朝的手工业在康熙中期以后逐步得到恢复和发展。至乾隆年间，江宁、苏州、杭州、佛山、广州等地的丝织业都很发达。江南的棉织业、景德镇的瓷器都达到了历史高峰。手工业分成官营与民营，由于工匠实行以银代役，所以顺治二年就下令废除工匠制度，官营缺乏必要的工匠而逐渐衰落。民间手工业兴盛，例如云南民间炼铜场十分发达。苏杭一带民间丝织中已有不少具有专门技术的人，站在一定的地方等待雇用。

瓷器制作技术改进，产量也大幅提升。例如江西景德镇瓷窑所烧造的御瓷产量在雍正六年（1728 年）时，一年之中生产了十数万件御器。玻璃制造有较大的进步，清宫玻璃厂能生产透明玻璃和多达十五种以上的单色不透明玻璃，造型也丰腴美观。丝织技巧也有了新的提高，出产的重要提花品种有妆花纱、妆花缎、妆花绢等。广东的"女儿葛"是广东增城少女用的一种由葛藤的丝织成的纱，质量极优。当时的棉织业以松江最为发达，技术最好，而染色、踹布业则以芜湖、苏州为最先进。

　　清廷对于民间海外贸易厉行海禁政策；对于外国来华贸易，仍沿袭明代的朝贡制度加以控制。最初与清朝发生朝贡关系的，主要还是南洋和东南亚诸国，但有许多限制，如贡期和随贡贸易的监视等都做了严格的规定。对于西方殖民国家来华商船的限制就更严。只许它们停泊澳门，与澳门商人进行贸易，每年来华贸易的大小船只，不得超过 25 只。1685 年才允许外商到前述口岸通商。

　　清廷放宽海禁后，准许外商在指定口岸通商后，逐步建立了一套管理外商来华贸易的制度，主要有公行制度和商馆制度。浙江、福建与广东地区盛行海外贸易，人民时常与日本、琉球、东南亚各国及葡萄牙、西班牙与荷兰等西洋各国展开贸易。到 18 世纪还有英国、法国与美国，其中英国几乎独占对华贸易。西洋各国与日俱增地需要清朝的丝绸、茶叶与甘蔗，然而清朝对西洋事物需求不大，使得中国对外贸易呈现大幅出超的情形。大量银圆流入中国，增加货币流通量，刺激物价上涨，促进商业繁荣。在此期间，中国沿海以泉州、漳州、厦门、福州与广州先后崛起，成为贸易大城，操控对外国际贸易。

　　乾隆二十二年（1757 年），由于外商频年不断的掠夺和违法行为，清廷只保留广州一地为通商出口。到 19 世纪，英国在印度种植鸦片，并且大量销往中国。这使得中国对外贸易逆转为入超。鸦片的问题引爆鸦片战争，中国战败后门户大开。南京条约不但开放厦门、上海、宁波、福州、广州等五口通商口岸给外国人。随后陆续的不平等条约使外国人大量来华投资，并且建立租界，加速对清贸易。

左宗棠收复新疆

　　面临新疆日益恶化的局势和中国西部疆域将被瓜分的危险，清朝政府在经过一场所谓"海防和塞防"的争论之后，西北防务重新得到清朝统治者的关注和重视。光绪元年（1875 年），年事已高的陕甘总督左宗棠受命于国家危难之际，就任钦差大臣，督办新疆军务。为了使西征之役大获全胜，他不仅制定了"先北后南""缓进速战"的进军路线和正确的战略战术，还储备粮草武器，整顿军风士气，进行了周密的准备工作。1876 年，左宗棠进驻肃州指挥作战。6 月，清军 7 万余人在刘锦棠的直接率领下直插北疆地区，连克乌鲁木齐、玛纳斯、吐鲁番等地，大败侵略军，阿古柏走投无路，被迫服毒自杀。随后，清军乘胜追击，挥师南下，连克焉耆、库尔勒、阿克苏、乌什、喀什、和阗等南疆诸地，至光绪三年（1877 年）底，清军已陆续收复了天山南部诸地，阿古柏在新疆建立的侵略政权覆没。清朝收复新疆的军事行动，还得到处于水深火热中的新疆各族人民的鼎力帮助和大力支持。

左宗棠画像

　　阿古柏侵略政权的覆没为清军进一步收回伊犁创造了条件，为了对沙俄施加军事压力，尽快收回伊犁，阿古柏侵略政权覆没后，左宗棠不顾年老体衰，以 68 岁的高龄，亲临哈密大营指挥，誓与沙俄决一死战，极大地鼓舞了士气。光绪七年（1881 年）二月，清政府使臣曾纪泽（曾国藩之子）前往俄国商谈收回伊犁事宜。经过与沙俄艰苦的谈判，几经周折，最后双方签订了《中俄伊犁条约》，条约议定次年沙俄军队撤出伊犁，中国以赔偿沙俄军费 900 万卢布（合 500 多万两白银）、允许俄商在新疆贸易不纳税、俄国在嘉峪关和吐鲁番设领事等条件为代价。光绪八年（1882 年），被沙俄强行占领长达 11 年之久的伊犁终于回到祖国怀抱。

19 世纪中后期，新疆政治上的内忧外患明显地暴露了新疆社会的弊病和军政管理方面的漏洞，特别是"军府制"和维吾尔地区带有浓厚的封建农奴制统治残余的伯克制度，严重阻碍新疆社会的进步和发展，在这一时期的社会动荡中被摧毁殆尽。清朝乾隆年间统一新疆后，除东部乌鲁木齐、巴里坤一带推行内地军政管理制度外，全疆大多数地区一直实行"军府制"的管理制度。就其实质而言，"军府制"是管军政而不管民政，军政民政分治，民政多由本地王公伯克管理。在缺乏有效的监督机制的封建社会，伯克专权，容易形成尾大不掉的地方封建割据势力，很不利于新疆的社会安定和经济发展。19 世纪新疆各地发生的社会动乱不仅证明"军府制"已不适合新疆社会发展要求，而且封建伯克制度也受到沉重打击。因此，建立行省、推行郡县制成为新疆历史发展的必然趋势。

广州十三行

广州十三行是清代专做对外贸易的牙行，是清政府指定专营对外贸易的垄断机构。又叫"洋行"或"洋货行"。明清时期，广州的对外贸易全属官营，而以牙行经纪这些事情，所以开设牙行的多半都能获厚利，赚大洋。清初的诗人屈大均在《广州竹枝词》中有云："洋船争出是官商，十字门开向三洋；五丝八丝广段好，银钱堆满十三行。"足见当年十三行的兴隆旺景。 康熙二十四年 （1685 年），清廷分别在广东、福建、浙江和江南四省设立海关，粤海关设立。它名义上专管对外贸易和征收关税事宜，实际上税收营生都是由十三行出面主持，承接包揽的项目，其中包括代办报关纳税，商品同购销买卖等业务。粤海关设立通商的当年，广州商人经营华洋贸易二者不分，开放海禁之处，并没有设置专营外贸商行。次年四月间，两广总督吴兴祚、广东巡抚李士祯和粤海关监督宜尔格图共同商议，将国内商税和海关贸易货税分为住税和行税两类。住税征收对象是本省内陆交易一切落地货物，由税课司征收；行税征收对象是外洋贩来货物及出海贸易货物，由粤海关征收。为此，建立相应的两类商行，以分别经理贸易税饷。前者称金丝行，后者称洋货行即十三行。名义上虽称"十三"，其实并无定数。

　　乾隆二十二年（1757 年），清政府一道圣旨，广州成为全国唯一海上对外贸易口岸，史称"一口通商"，经十三行进出口的贸易额节节增长，日子一长，十三行就逐渐演变为一个特殊组织，享有了垄断对外贸易的特权，在这些特权买办中，又尤其以商家潘、卢、伍、叶四族豪门获利最多，所以由此发展成为广州四家最大的买办阶级。而广州也成为清代对外贸易中心。据清宫档案记载，1754 年，洋船到港 27 艘，税银仅 52 万两。1790 年，洋船增至 83 艘，税银达到 110 万两。到鸦片战争前，洋船多达年 200 艘，税银突破 180 万两。十三行被称作清政府财源滚滚的"天子南库"。1850 年，广州在世界城市经济十强中名列第四；1875 年仍列第七。

清朝十三行名号及其主办

　　1. 伍秉鉴的怡和行，商名浩官；

　　2. 卢继光的广利行，商名茂官；

　　3. 潘绍光的同孚行，商名正官；

　　4. 谢有仁的东兴行，商名鳌官；

　　5. 梁亟禧的天宝行，商名经官；

6. 严启昌的兴泰行，商名孙青；

7. 潘文涛的中和行，商名明官；

8. 马佐良的顺泰行，商名秀官；

9. 潘文海的仁和行，商名海官；

10. 吴天垣的同顺行，商名爽官；

11. 易元昌的学泰行，商名昆官；

12. 罗福泰的东昌行，商名林官；

13. 容有光的安昌行，商名达官。

潘振承

潘启又叫潘振承，字逊贤，号文岩，于清康熙五十三年（1714年）生在福建漳州栖栅社（今漳州台商投资区角美镇白礁村潘厝社），于乾隆五十三年（1788年）卒在广州，后被葬在故里文圃山下（今漳州台商投资区角美镇灿坤工业园区）。

其父潘乡是一个地道的农民，家庭较为贫苦。潘启是潘乡五个儿子中的老大，也是广州十三行的商总（即行商首领）、18世纪世界首富。

清朝商人分类

根据经营商业的项目，明清时期的广东商人可分为牙商、盐商、铁商、米商、糖商、丝绸商、陶瓷商、烟草商、典当商、布商、药商等，其中以牙商最为著名。

所谓牙商，本来是指在城市和乡村的市场中为买卖双方说合交易，并从中抽取佣金的居间商人，亦称牙人。明清时，随着商品经济的进一步发展，牙商人数大大增加，形成了一个专门的行当，称为牙行。清代著名的广东十三行，就是指经营进出口贸易的十三家牙行商人。除了做生意之外，十三行还要与来华洋商打交道，从货物买卖到日常起居，事无巨细，都必须通过十三行。不过，这里的牙行数目并不固定，时有增减。

福建商人

翻开中国贸易史，太平路曾经是呼风唤雨、点石成金的龙口地。十三行的潘、伍、卢、叶四大行商，其家产总和比当时的国库收入还要多，是货真价实的"富可敌国"。广州不仅对海外商人有巨大的吸引力，对国内商人也有巨大的吸引力，仿佛这片土地特别适合经商。十三行的行商，不少就是从福建移居来的。他们在家乡不过是碌碌庸流而已，但一到广东便如飞龙在天、鱼跃大海，成就了一番轰轰烈烈的事业。广州，永远是天下英雄创业的最好平台。

不过，当时却谁也不认为这是"英雄创业"，反倒觉得脸上无光，既怕朝廷追究，也怕累及后人，所以和洋商打交道的十三行商人，都不愿意别人知道自己的真实名字，不是改名换姓，就是沿用父亲的名字，或者兄弟几人共用一个名字，像梁纶枢改名梁承禧，伍秉鉴在史书上也有好几个名字。

叶上林祖籍福建漳州诏安，经营义成行，与潘有度、卢观恒、伍秉鉴号称"广州四大富豪"。在泮塘筑有叶家别墅花园，是唯一成功退休的洋行行主。

伍秉鉴祖籍福建泉州，自从经营怡和行后，凭着长袖善舞的经商天才，第二年怡和行便位居行商第三，五年后跃居第二，再过两年雄踞总商地位，真是如日中天，不可一世，创造了一个惊世骇俗的金钱神话。

伍秉鉴拥资超过 2600 万银圆，不但在国内拥有数量惊人的地产、房产、茶山、店铺和千万家财，还在美国投资铁路、证券交易和保险业

务，同时还是英国东印度公司的最大债权人。有一位美国商人欠了他
7.2 万元银票，滞留广州无法回国。伍秉鉴听说后，满不在乎地把欠条
撕碎，说账已结清了，你高兴什么时候走就什么时候走。2001 年，《华
尔街日报》发行专辑，统计上个一千年世界上最富有的 50 个人，伍秉鉴
名列其中。

茶马古道

　　从明朝开始，川藏茶道正式形成。早在宋元时期官府就在黎雅、碉
门（今天全）等地与吐蕃等族开展茶马贸易，但数量较少，所卖茶叶只能
供应当地少数民族食用。直至明朝，政府规定于四川、陕西两省分别接
待杂甘思及西藏的入贡使团，而明朝使臣亦分别由四川、陕西入藏。由
于明朝运往西北输入藏区的茶叶仅占全川产量的十分之一，即 100 万
斤，支付在甘青藏区"差发马"所需茶叶，其余大部川茶，则由黎雅输
入藏区。而西藏等地藏区僧俗首领向明廷朝贡的主要目的又是获取茶
叶。因此，他们就纷纷从川藏道入贡。"秦蜀之茶，自碉门、黎雅抵朵
甘、乌思藏，五千余里皆用之。其地之人不可一日无此"（《明太祖实录》
卷 251）。于是洪武三十一年（1398 年）五月，在四川设茶仓四所，"命
四川布政使移文天全六番招讨司，将岁输茶课乃输碉门茶课司，余就地
悉送新仓收贮，听商交易及与西蕃市马"。天顺二年（1458 年）五年，明
朝规定今后乌思藏地方该赏食茶，于碉门茶马司支给。又促使乌思藏的
贡使只得由川藏道入贡，不再由青藏的洮州路入贡。到成化六年（1470
年），明廷更明确规定乌思藏赞善、阐教、阐化、辅教四王和附近乌思
藏地方的藏区贡使均由四川路入贡。而明朝则在雅州、碉门设置茶马
司，每年数百万斤茶叶输往康区转至乌思藏，从而使茶道从康区延伸至
西藏。而乌思藏贡使的往来，又促进了茶道的畅通。于是由茶叶贸易开

拓的川藏茶道同时成为官道，而取代了青藏道的地位。

　　清朝进一步加强了对康区和西藏的经营，设置台站，放宽茶叶输藏，打箭炉成为南路边茶总汇之地，更使川藏茶道进一步繁荣。这样，在明清时期形成了由雅安、天全越马鞍山、泸定到康定的"小路茶道"和由雅安、荥经越大相岭、飞越岭、泸定至康定的"大路茶道"，再由康定经雅江、里塘、巴塘、江卡、察雅、昌都至拉萨的南路茶道和由康定经乾宁、道孚、炉霍、甘孜、德格渡金沙江至昌都与南路会合至拉萨的北路茶道。这条由雅安至康定、康定至拉萨的茶道，便是明清时期的川藏

茶马古道

道，也是今天的川藏道。川藏道崎岖难行，开拓十分艰巨。由雅安至康定运输茶叶，少部分靠骡马驮运，大部分靠人力搬运，称为"背背子"。行程按轻重而定，轻者日行40里，重者日行2—30里。途中暂息，背子不卸肩，用丁字形杵拐支撑背子歇气。杵头为铁制，每杵必放在硬石块上，天长日久，石上留下窝痕，至今犹清晰可见。从康定到拉萨，除跋山涉水之外，还要经过许多人烟稀少的草原，茂密的森林，辽阔的平原，要攀登陡峭的岩壁，两马相逢，进退无路，只得双方协商作价，将瘦弱马匹丢入悬岩之下，而让对方马匹通过。要涉过汹涌咆哮的河流，

巍峨的雪峰。长途运输，风雨侵袭，骡马驮牛，以草为饲，驮队均需自备武装自卫，携带幕帐随行。宿则架帐餐饮，每日行程仅 20—30 里。加上青藏高原天寒地冷，空气稀薄，气候变化莫测，民谚说："正二三，雪封山；四五六，淋得哭；七八九，稍好走；十冬腊，学狗爬。"形象地描述了行路难的景况。川茶就是在这种艰苦的条件下运至藏区各地的，川藏茶道就是汉藏人民在这样艰苦的条件下开拓的。川藏茶道的开拓，也促进了川藏道沿线市镇的兴起。大渡河畔被称为西炉门户的泸定，明末清初不过是区区"西番村落"，境属沈村，烹坝，为南路边茶入打箭炉的重要关卡。康熙四十五年(1706 年)建铁索桥。外地商人云集泸定经商。到宣统三年（1911 年）设为县治，1930 年已有商贾 30 余家，成为内地与康定货物转输之地。

康定在元时尚是一片荒凉原野，关外各地及西藏等处商人运土产至此交换茶叶布匹，只得塔帐篷竖锅桩，权作住宿之处，明代才形成一个村落。随着藏汉贸易南移，逐渐发展成为边茶贸易中心。雍正七年（1729 年）置打箭炉厅，设兵戍守其地，番汉咸集，交相贸易，称为闹市焉。从此"汉不入番，番不入汉"的壁垒被打破，大批藏商越静宁山进入康区，大批的陕商和川商亦涌入康区。内外汉蕃，俱集市茶。这个因茶叶集市而兴起的城市，藏汉贸易通过"锅庄"为媒介，雍正至乾隆时期，锅庄由 13 家发展到 48 家，商业相当繁荣。成为西陲一大都市，此外还有里塘、巴塘、道孚、炉霍、察木多(昌都)、松潘等地都是在清代茶道兴起而发展为商业城镇的。总之，川茶输藏是促进川藏交通开拓和川藏高原市镇兴起的重要因素。川藏线既是一条经济线，也是一条政治线、国防线。它把我国内地同西藏地区更加紧密地联结在一起，使近代的外国帝国主义势力再也无力把西藏从我国分离出去。

鸦片战争以后，英帝国主义为了侵略西藏，就力图使印茶取代华茶在西藏行销。他们认为一旦印茶能取代川省边茶的地位，英国即可垄断西藏之政治与经济。为此，英帝国主义甚至用武力入侵拉萨，强迫印茶输藏。从此，川茶又成为反对英国侵略西藏的武器。反对印茶销藏，保护川茶销藏，成了反对英国侵略西藏的重要内容。

活跃在丝路的商帮

燕商。燕商有二联，顺天、保定商人，谓之"京联"以武情人居多数；天津河间一带商人，谓之"津联"。二联之中，因以津人居多，故燕商又经常被称为津商，津商主要经营纸张、笔墨、朝靴、朝服、绸缎、布匹及日用奢侈品。

湘商。又称"湖商"，为湘西商人简称。湘商以贩运茶叶为大宗，也经营典当、中草药及各种日用杂货。

甘商，旧分东西两柜，东柜多山西、陕西商人，西柜则以回商充任。

亚商。亚商经营贩运茶叶和日用百货。设立钱庄、票号从事汇兑和布款业务。

秦商。又称陕商。陕商多从事粮食买卖、日用百货、行栈及典当等业务。

"回回"商人。多经营饭食、旅店、屠宰等行业。也经营油坊、磨坊、珠宝、玉石等。

蜀商，又称"川商"。川商业药，除充当行商进行贩运外，也开办药肆，既事批发，又兼零售。

豫商，为"河南商人"简称。多业药为主。

鄂商，是"湖北商人"的简称。以弹棉、缝纫或制作服装等手工业为主，也有营矿业。

维吾尔商人。维吾尔人最喜爱长途贩运，其足迹遍及所属的中亚诸地。

第十一章　百年来丝路交通建设和历史新机遇

沿丝路公路建设

公路和汽车运输工具在西北的出现，在西北具有划时代的意义。

西潼公路——1921年开工，1922年上半年建成。

西凤公路——1930年修建。

陕甘公路——1924年开始修建。

甘肃至新疆的公路1927年已有汽车通行于兰州至酒泉，1929年延伸至新疆境内。

在新疆，20世纪20年代修建的公路有5条，即迪化（乌鲁木齐）至伊犁、迪化至塔城、迪化至奇台、迪化至喀什噶尔以及喀什至哈密。

20世纪30年代以后，日本占领东三省，西北作为后方基地，交通建设进入黄金发展期，这一时期修建的公路有西兰公路（兰州至西安）、甘新公路等。

西兰公路——1934年动工，1935年5月竣工。

甘新公路——1937年年底开工，1939年11月完工。

同时新疆境内修建了额敏至塔城、迪化至焉耆、焉耆至阿克苏、阿克苏至喀什、喀什至和阗的多条公路。

新中国成立至今，许多国道在西北五省内：

310 国道，自江苏连云港起，经徐州、郑州、洛阳、西安，至甘肃天水，全长 1161.47 公里。

312 国道，自上海起，经南京、合肥、西安、兰州、乌鲁木齐，至伊宁，全长 4736.46 公里。

……

沿丝路铁路建设

陇海铁路——灵潼（河南灵宝、阌乡）段，原定 1929 年动工，1930 年年底正式修建，至 1931 年 12 月先行通车，1932 年 8 月全线竣工。潼西段（潼关至西安），1931—1935 年 4 月竣工。西宝段（西安至宝鸡），西安转西北到咸阳，沿渭河北岸经兴平、眉户至宝鸡，173 公里。1936 年年底全线竣工。宝天段（宝鸡—天水），1945 年修到天水。天兰（天水—兰州）的修建到新中国成立后才完成。

新中国成立以后，沿丝绸之路的主要铁路干线有：

陇海铁路：自连云港起，经徐州、郑州、西安、天水等，至兰州。天水至兰州于 1952 年修通，全长 675 公里。

兰新铁路：自兰州起，经武威、嘉峪关、柳园、哈密、吐鲁番，至乌鲁木齐，全长 1912 公里。

北疆铁路：1990 年 9 月修通，自乌鲁木齐起，经石河子、乌苏、精河，至阿拉山口国境站，全长 460.5 公里。北疆铁路的修成，标志着亚欧大陆桥的基本贯通。

新亚欧大陆桥

1990 年 9 月 12 日，中国北疆铁路在阿拉山口国境站出境与哈萨克斯坦铁路胜利接轨，标志着具有划时代意义的新亚欧大陆桥全线贯通。它东起中国的连云港、日照等沿海众多港口城市，西至荷兰的鹿特丹和比利时的安特卫普等欧洲口岸，全长 10900 公里（自连云港至鹿特丹），穿越亚欧两大洲，连接太平洋和大西洋，穿越中国、哈萨克斯坦、俄罗斯、白俄罗斯、波兰、德国、荷兰等 7 国，沿途交叉连接 40 余国。

沿丝绸之路管道建设

西气东输管道一线工程

2004 年 8 月 3 日，我国西气东输工程的管道全线贯通，整体工程在 2004 年全线投产。它自新疆塔里木盆地的轮南出发，沿丝绸之路横贯甘肃、宁夏、陕西、山西、河南、安徽、江苏等 9 个省市自治区，直抵上海，全长 4212 公里，投资总额 1200 亿人民币（仅仅次于三峡工程）。2004 年年底全线实现商业运营。

中哈石油管道

1997 年中国和哈萨克斯坦共和国共同提出修建中哈石油管道计划，西起哈萨克斯坦里海边的石油之都阿特劳，经中国石油天然气集团公司购买的肯基亚洲克油田到达阿塔苏，从阿拉山口进入中国直抵新疆独自山，全长 3088 公里，其中哈境内 2818 公里，中国境内 270 公里，预计投入 25 亿至 30 亿美元，预计年输油能力 2000 万吨，将来可能达到 5000 万吨。整个计划分三期完成，第一期工程已于 2003 年由中哈双方合资建成。中哈石油管道以极快的速度已提前于 2005 年 11 月竣工，当年 12 月 16 日哈萨克斯坦曾向中哈石油管道象征性地注入 60 万吨原油；自 2006 年 5 月 25 日起，哈萨克斯坦正式对华输油，当日凌晨 3 时 11

分左右，原油抵达中国新疆阿拉山口计量站，输往新疆独山子石化公司。

西气东输二线工程

由一条干线和八条支干线组成的"西二线"，西起新疆霍尔果斯，东达上海，南抵广州、香港，横贯中国东西两端，横跨 15 个省区市及特别行政区，年输气能力达 300 亿立方米，可稳定供气 30 年以上。

西气东输二线工程干线的建成投产，为中国能源版图又增添了一条重要动脉，将有利于缓解天然气供应紧张局面、提高天然气管网运营水平，并进一步优化中国能源消费结构。

截至 2011 年 5 月 28 日，"西二线"已累计接输中亚天然气超过 100 亿立方米，与国内其他天然气管道相连的投产段已惠及我国 18 个省区市，约 1 亿人受益。而随着其他几条支干线的贯通，届时我国将有 5 亿人受益。

中亚—西气东输二线干线的建成投产，不仅可有效缓解中原、中南、珠三角、长三角地区天然气的供需矛盾，而且还实现了与西气东输一线、涩宁兰线等多条已建管道的联网，进而形成我国主干天然气干线管道网络，构成了近 4 万公里的"气化中国"的能源大动脉。

"'西二线'还连接着塔里木气田、准噶尔气田、吐哈气田、长庆气田，它们随时向西气东输二线提供约 150 亿立方米的应急保安气源，又与先前建成的西气东输管道、陕京管道等连成一张'气网'，随时可以调剂气源。"中国石油集团经济技术研究院院长许永发指出。

专家预计，随着天然气管网的全面铺就，2011 年我国通天然气的城市将增至 270 个左右。21 世纪中期，全国将形成一张覆盖 31 个省份的天然气管道大网，95%以上的地级市均可用上天然气，能源消费结构也将进一步优化。

西气东输二线的贯通，将推动沿线城市用清洁燃料代替部分电厂、窑炉、化工企业和居民生活使用的煤气和煤炭，在提升百姓生活质量的同时，也将有效改善中国大气环境。

据专家测算，从中亚引进的天然气每年可替代 7680 万吨标煤，减少二氧化碳排放量 1.3 亿吨，减少二氧化硫、氮氧化物和工业粉尘等有害物质排放量 246 万吨，对改善我国能源结构和环境质量将发挥举足轻重的作用。

2012 年 12 月 30 日来自中亚的天然气经由西气东输二线最后一条投产的支干线广州—南宁段于 30 日到达南宁，标志着西气东输二线工程 1 条干线 8 条支干线全部建成投产。

西气东输二线全线投产，在我国形成近 4 万公里的天然气管网，基本覆盖我国 28 个省区市和香港特别行政区，数以亿计人口从中受益。

西气东输三线

规划中的第三条天然气管道，路线基本确定为从新疆通过江西抵达福建，把俄罗斯和中国西北部的天然气输往能源需求量庞大的中部、东南地区。

以中亚天然气为主供气源，经过我国 10 省区的西气东输三线工程于 2012 年 10 月 16 日在北京、新疆、福建同时开工，将年供应天然气 300 亿立方米。西气东输三线工程途经新疆、甘肃、宁夏、陕西、河南、湖北、湖南、江西、福建、广东等 10 个省（区），总长度约为 7378 公里，设计年输气量 300 亿立方米。主要气源来自中亚国家，国内塔里木盆地增产气和新疆煤制气为补充气源。

国家发改委日前已正式批复同意投资建设西气东输三线中段（中卫—吉安)工程。该项目江西境内管道长度约 150 公里，在该省安福县境内设置 1 座分输站。

国家发改委批复指出，为落实与中亚国家已签署的购气协议，保障国家能源供应安全，缓解国内天然气供需矛盾，同意投资建设西气东输三线中段(宁夏中卫—江西吉安)工程。

项目主要工程内容包括 1 条干线、2 条支干线，项目总投资为436.48 亿元(含外汇 3.3 亿美元)。

其中：干线起自宁夏中卫，途经宁夏、甘肃、陕西、河南、湖北、湖南、江西 7 省（区），止于江西吉安，全长 2016 公里，管径 1219 毫米，设计压力 12/10 兆帕，设计输量 300/250 亿立方米 / 年，共设置10 座压气站。

2 条支干线包括中卫—靖边联络线、株洲—衡阳支干线，长度合计519 公里，共设置 1 座压气站。

2014 年 8 月 25 日，在甘肃省瓜州县腰占子村，西气东输三线（后简称西三线)瓜州站完成最后一道焊口，标志着西三线西段全线贯通。

丝绸之路高铁修建

郑西高铁

郑西高铁客运专线是徐兰高铁客运专线（徐州—郑州—西安—宝鸡—兰州）最先开工的一段。站点设置：郑州东、新荥阳、新巩义、洛阳龙门站、新渑池、新三门峡、新灵宝六站；陕西有新华山、新渭南、新临潼、西安北、咸阳西、(新)杨凌、五丈原、(新)宝鸡，2009 年 6 月28 日，郑西高铁已全线铺通，2010 年 2 月 6 日，郑西客运专线正式拉客运营，最高速度 350 公里每小时。郑西高铁分一等座、二等座两类。其中一等座全程票价 390 元，二等座全程票价 240 元。

高铁西安至宝鸡段

2013 年 12 月 28 日，西安至宝鸡高铁正式开通运营。据悉，西宝高铁开通初期，将安排开行动车组列车 14 对，其中"G"字头动车组列车 2 对，"D"字头动车组列车 12 对。东起西安北站，西至宝鸡南站，沿途设有咸阳秦都站、杨陵南站及岐山站，二等座全程票价 51.5 元。

兰新高铁

兰新高铁全长 1776 公里，于 2009 年 11 月 4 日开工建设，预计 2014 年年底投入运营。兰新高铁经青海省西宁、甘肃省张掖，直抵新疆首府乌鲁木齐，途中共设 31 个车站。兰新铁路建成后，旅客列车速度目标值为每小时 200 公里以上，届时北京至乌鲁木齐将由 40 小时缩短至 20 小时以内，而西宁至乌鲁木齐仅为 7 小时左右。

兰新高铁(甘肃段)

兰新客专(甘肃段)的设计运行时速为每小时 250 公里，这使从兰州出甘到达西宁、乌鲁木齐的列车运行时间将近缩短一半，分别大约为一个半小时和 9 个小时。"早上牛肉面，晚上羊肉串"，中国网民将串起甘青新三省区的这条高铁称为"舌尖上的幸福线"。

习近平与新丝绸之路

媒体之声

一、外报：习近平访中亚　中国铺设"新丝绸之路"

参考消息网 (2013 年)9 月 11 日报道　外媒称，中国国家主席习近平在访问中亚期间提及中亚草原是骆驼商队从中国走向欧洲所经过的地方。

据法国《费加罗报》网站 9 月 9 日报道，在哈萨克斯坦阿斯塔纳一场极富诗情的演讲中，习近平提到了转运丝绸、瓷器和玉器通往欧洲的这条古老商路，并说道："我仿佛听到了山间回荡的声声驼铃，看到了大漠飘飞的袅袅孤烟。"

中国国家主席将中国和中亚各国关系描述为"外交优先方向"，并希望建设"丝绸之路经济带"。这条经济带含有哈萨克斯坦、吉尔吉斯斯坦和乌兹别克斯坦。习近平访问中亚多国并签署了众多合同。习近平强调了双方两千年的交往历史并保证要加强"政策沟通、道路联通、贸易畅通、货币流通和民心相通"。20 多年来，中国在中亚地区建设公路、铁路、石油和天然气管道、电力和电信设施，以打造一个 30 亿人口的世界最广阔的潜力市场。

报道称，因石油和天然气的巨大需求而对中东非常依赖的中国在寻求让自己的能源供给多样化并接近本国。由此，习近平 9 月 7 日出席了中哈天然气管道二期第一阶段开通仪式。新的丝绸之路将会有助于中国达到全球超级大国地位。

这些项目已经超越了单纯的经济利益。中国人民大学教授时殷弘解读说，"看看地图就知道：吉尔吉斯斯坦、塔吉克斯坦和哈萨克斯坦都同新疆维吾尔自治区接壤。这是一个关系到中国国家安全的问题。地区性合作是北京打击恐怖主义的重要工具"。

据俄罗斯《独立报》9 月 10 日报道，吉尔吉斯斯坦驻乌兹别克斯坦大使乌扎克巴耶夫说，吉乌两国总统有望在本月 12—13 日召开的上合组织比什凯克峰会期间，针对中国—吉尔吉斯斯坦—乌兹别克斯坦铁路的兴建问题，做出最终决定。

比什凯克一直希望这条中吉乌铁路能够开工，借用总统阿坦巴耶夫的话，这简直是国家所亟须的、不可或缺的，"铁路不仅能令国家更为紧密统一，还将赚得可观的过境费收益"。专家估算，这条铁路未来每年有望给吉国库带来 2.1 亿美元的额外收入，北京已首肯了兴建方案，

"乌兹别克斯坦也应该同意"。

报道称，今年初，比什凯克通过了国家 2013—2017 年的可持续发展战略，重点是基础设施建设，中吉乌铁路显然契合这一思路。

中亚基建项目专家拉希莫夫指出："中国需要一条通往乌兹别克斯坦甚至里海、伊朗的通道，除去经阿拉山口、霍尔果斯两个口岸与哈萨克斯坦相连的铁路外，北京还希望在中亚方向再建一条分支，将乌兹别克斯坦、吉尔吉斯斯坦与本国的西北部省份连接起来。"

这条中亚铁路的轨距标准也一直难以敲定。中国最初坚持要跟欧洲一样，采取 1435 毫米的轨距，但苏联、斯洛伐克、芬兰甚至阿富汗及伊朗境内的部分铁路，皆使用 1520 毫米的宽轨。

二、习近平欧洲行再提新丝绸之路　战略构想世界瞩目

中国网(2014 年)4 月 2 日讯（记者 穆森)中国国家主席习近平 4 月 1 日结束对比利时的国事访问回国。在为期 11 天的时间，习近平对荷兰、法国、德国、比利时进行国事访问，出席在荷兰海牙举行的核安全峰会，并访问联合国教科文组织总部和欧盟总部。

在此次欧洲之行中，习近平再次提及新丝绸之路，引起海内外广泛关注。

访问法国　踏访古代丝绸之路西方终点

习近平访问法国的首站安排在里昂。历史上，里昂是法国曾经的"丝绸之都"，也是古代"丝绸之路"西方的终点，很早就与中国有商贸往来。

在习近平对法国进行国事访问前夕，中国驻法国大使翟隽接受中文媒体联合采访时表示，习主席对法国访问的首站安排在里昂并非偶然。里昂在中法关系中发挥着重要作用。作为法国的经济重镇，里昂和里昂

所在的罗阿大区在中法地方合作中也非常活跃。

专家分析，习近平此次出访，希望推动新丝绸之路计划，重建一条经济走廊，中欧关系将迎来又一个春天。

访问德国　目睹现代版"丝绸之路"连接中欧

在访问德国时，习近平3月29日特别来到位于德国西部北威州的杜伊斯堡港参观，目睹了一列来自中国的、满载货物的列车进站。杜伊斯堡港是世界最大内河港和欧洲重要交通物流枢纽，也是由重庆经新疆跨欧亚直至欧洲的渝新欧国际铁路联运大通道的终点。

据悉，这趟列车历时16天，行驶上万公里，从中国内地的重庆出发，经过新疆进入中亚，途经哈萨克斯坦、俄罗斯、白俄罗斯、波兰，最终抵达德国的重要港口杜伊斯堡。这是"丝绸之路经济带"的重要通道。每周，有不多于3列"渝新欧"铁路列车经过这段旅程。这条铁路成为连接中国和欧洲的现代版"丝绸之路"，是中欧经贸合作广阔前景的象征。

习近平在现场表示，中方提出建设丝绸之路经济带倡议，秉承共同发展、共同繁荣的理念，联动亚欧两大市场，赋予古丝绸之路新的时代内涵，造福沿途各国人民。中德位于丝绸之路经济带两端，是亚欧两大经济体和增长极，也是渝新欧铁路的起点和终点。两国应该加强合作，推进丝绸之路经济带建设。杜伊斯堡港是世界最大内河港和欧洲重要交通物流枢纽，希望它能为促进中德、中欧合作发展发挥更大作用。

在中国大力提倡构建新丝绸之路之际，德国西部杜伊斯堡港首席执行官埃里希·斯塔克表示，"渝新欧"铁路作为一个标志，彰显了德国和中国两国之间在经济和文化等方面更加紧密的联系。

"新丝绸之路"战略构想引世界瞩目

丝绸之路最早由德国地理学家李希霍芬于 1877 年提出，起初指西汉张骞、东汉班超出使西域时开辟出来的通道，因为丝绸为商道上的大宗商品而得名。后来，这一概念成为古代中国对外交流通道的统称。

在古丝绸之路概念的基础上，中央提出了共建"新丝绸之路"的战略构想。去年 9 月以来，习近平已经三度在重要出访中倡议构建新丝绸之路。他提出的"丝绸之路经济带""21 世纪海上丝绸之路"，先后写入《中共中央关于全面深化改革若干重大问题的决定》、国务院《政府工作报告》，上升为国家战略。

"丝绸之路经济带"东牵亚太经济圈，西系欧洲经济圈，连接欧亚、辐射 40 多个国家、覆盖 30 多亿人口，不仅地域辽阔，而且自然资源、旅游资源十分丰富，发展潜力巨大。这一战略构想一经提出，立即引起国际社会各界积极响应，世界为之瞩目。

就在习近平主席出访欧洲期间，3 月 29 日上午，"丝绸之路经济联盟"在乌鲁木齐成立。联盟由亚美尼亚国家发展署、吉尔吉斯斯坦工商会、塔吉克斯坦工商会、乌克兰基辅工商会、哈萨克斯坦阿拉木图工商会、哈萨克斯坦卡拉干达工商会 6 家国外民间机构和上海进出口商会、新疆生产建设兵团国际商会、新疆华和国际商务咨询有限公司 3 家中方民间机构共同发起，并签署倡议书。

北京大学国际关系学院教授朱锋此前撰文表示，"丝绸之路经济带"集中体现了中国新政府在坚持全球经济开放、自由、合作主旨下促进世界经济繁荣的新理念，也高度揭示了中国和中亚经济与能源合作进程中如何惠及其他区域、带动相关区域经济一体化进程的新思路，更是中国站在全球经济繁荣的战略高度推进中国与中亚合作跨区域效应的新举措。中国的"丝绸之路经济带"正在让世界经济一体化进程回响起醇厚、悠扬的"中国声音"。

中国新丝绸之路的秘密（2014年09月18日中国科技网）

亚信峰会让外界更加关注中国与亚洲的合作。观察亚信峰会的参与国，多为中国西部国家。这也让中国的"西进战略"成为各界热议的话题。而"西进战略"的重要一部分就是习近平提出的"新丝绸之路经济带"。那么中国为什么需要这一战略？

世贸组织在西方主流国家眼中的重要性正在下降，世界主要经济体都在忙着组建新秩序和新伙伴关系，比如美国在通过TPP谈判创建一个新的横跨太平洋的经济伙伴框架，欧盟也在通过类似的动作边缘化WTO。其中很重要的一个原因是，中国"入世"所带来的市场红利正在透支，在他们看来，WTO给中国带来的益处远超西方的收益，建立新秩序然后重新与中俄等国谈判获取更大的收益空间变得非常急迫。当然，日韩马菲等国也只能通过牺牲更多谈判桌上的利益才能获取"一起玩"的机会。虽然暂时TPP排除中国，但它的功能性迟早要表现在对华的谈判桌上。

在这样的背景下，中国当然也在寻求一个大国自己的生存之道，"新丝绸之路经济带"的筹备，或将给中国打开一个全新的局面。长期观察亚太问题的《外交家》杂志认为，新丝绸之路的发展方向绝不是一个象征性的工程，而将建立一个链接东亚、中亚和欧洲的新经济秩序，即中国可以利用它构造一个强经济生态圈，而非是简单的合作交流。它甚至提出，以中国为核心，相互之间原本没有直接经济伙伴关系的国家可以直接通过中方斡旋牵手，文章还特别举例说比如德国和哈萨克斯坦之间。它认为，中国的"野心"在于建立一个跨洲自由贸易区。而这，恰好是很多西方主流媒体对于"新丝绸之路"保持静默的主因。

如果此理论顺利成真，它的确将对西方阵营起到松动作用，也让中国会在未来的 2.0 版本的世贸谈判中取得一定的先机，至少我们看到，德国的对华态度最近就很暧昧，时而有所批评，但在法国等国要向中国发起反倾销制裁时，德国曾多次发声为中国鸣不平。而新丝绸之路将连接德国的工业重镇和内陆贸易大港杜伊斯堡，很有可能将这个工业老城变成一个新的欧洲贸易中心，这对德国意义非凡。德国在欧盟的地位显然也是中国所看重的财富。习主席访德时专程安排到杜伊斯堡一行，目的也是在于加强中德的进一步合作。对此德国媒体普遍表达了乐观积极的态度，比如《当地新闻》报在转载法新社《新丝绸之路联系中德》一文时特别强调，在两国人民看来，这都是"工业史上的奇观"，并且强调在 2013 年中德贸易就已在千亿欧元级别以上，是德国在亚太的顶级合作伙伴，未来更是不可限量。

对于中国来说，发展新丝绸之路可不仅仅是经济上的考量。在亚洲地区，从东海到南海，布局着美国的盟国和友邦，美国对于这些国家长时期保持援助，所以很多国家对于中国市场的依赖度有限，加之它们与中国历来就在领土问题上存在争议，很难攻破已形成的国防利益链条。从这些角度来看，中国直接开辟向西之路，除了经济利益，对于国家安全、国防合作等各个方面也有着巨大的利益考量，除了伙伴国巴基斯坦，很多国家都表现出了愿意以一定的其他合作换取更深度的经济合作的愿望，北约成员国土耳其便是其中较突出的一个。

作为中国新丝绸之路很重要的一环，土耳其很显然可以有很多经济利益上的遐想，在北约中的日子过得也不是很顺心的土耳其人，会很乐意把中国的介入作为给其他北约成员国的一种压力。两年前土耳其就曾在招标导弹等武器时引入中国导弹竞标，导致北约成员国相当紧张。居住在伊斯坦布尔的学者坎·爱里木坦长期为《今日俄罗斯》的官网撰写关于亚洲和中东问题的署名专栏文章，他最新文章便表示出了土耳其对于新的合作机遇的渴望，他说："会有那么一天，北京和伊斯坦布尔将可以自由地贸易和往来。只要不被一些现有的危机破坏的话（他在文章中对西方在乌克兰等问题上的做法表示担忧），这一天或许将很快到来。"言语之中不难看出土耳其对于中国市场的经贸机遇的遐想，以及对于土耳其在"西方阵营"中的尴尬位置的担心。

当然，决不能盲目乐观。在体系构建的过程当中，包括德国和土耳其在内的相关各国免不了以此为筹码分别与西方和中国换取其渴望的利益。计划的提出和实施都只是开始，真正的合作框架建设还需考验中国领导层的耐心和外交艺术。